Linguística aplicada

SÉRIE POR DENTRO DA LÍNGUA PORTUGUESA

Angelo Renan Acosta Caputo
Cláudia Soares Barbosa
Cléa Silvia Krás
Vanessa Loureiro Correa

Linguística aplicada

EDITORA intersaberes

Rua Clara Vendramin, 58 . Mossunguê
CEP 81200-170 . Curitiba . PR . Brasil
Fone: (41) 2106-4170
www.intersaberes.com
editora@editoraintersaberes.com.br

Conselho editorial
Dr. Ivo José Both (presidente)
Drª Elena Godoy
Dr. Nelson Luís Dias
Dr. Neri dos Santos
Dr. Ulf Gregor Baranow

Editora-chefe
Lindsay Azambuja

Supervisora editorial
Ariadne Nunes Wenger

Analista editorial
Ariel Martins

Projeto gráfico
Raphael Bernadelli

Capa
Igor Bleggi

Texto da capa excerto da obra:
SAUSSURE, Ferdinand de.
 Curso de linguística. São
 Paulo: Cultrix, 1983.

1ª edição, 2013.

Foi feito o depósito legal.

Informamos que é de inteira responsabilidade dos autores a emissão de conceitos.

Nenhuma parte desta publicação poderá ser reproduzida por qualquer meio ou forma sem a prévia autorização da Editora InterSaberes.

A violação dos direitos autorais é crime estabelecido na Lei nº 9.610/1998 e punido pelo art. 184 do Código Penal.

Dados Internacionais de Catalogação na Publicação (CIP)
(Câmara Brasileira do Livro, SP, Brasil)

Linguística aplicada/Cláudia Soares Barbosa...[et al.]. – Curitiba: InterSaberes, 2013. – (Série Por Dentro da Língua Portuguesa).

Outros autores: Cléa Silvia Krás, Angelo Renan Acosta Caputo, Vanessa Loureiro Correa
Bibliografia.
ISBN 978-85-8212-590-8

1. Linguística aplicada I. Barbosa, Cláudia Soares. II. Krás, Cléa Silvia. III. Caputo, Angelo Renan Acosta. IV. Correa, Vanessa Loureiro. V. Série.

12-09993   CDD-418

Índices para catálogo sistemático:
 1. Linguística aplicada 418

EDITORA AFILIADA

Sumário

Apresentação, VII

(1) Teorias linguísticas no ensino de Língua Portuguesa: estruturalismo, gerativismo e funcionalismo, 11
    1.1   Estruturalismo, 14
    1.2   Gerativismo, 20
    1.3   Funcionalismo, 26

(2) O ensino de Língua Portuguesa e o interacionismo, 33
    2.1   O sociointeracionismo: uma teoria de aprendizagem, 36
    2.2   O interacionismo na linguística, 39
    2.3   O ensino de Língua Portuguesa na visão (socio) interacionista, 46

(3) Estudo dos Parâmetros Curriculares Nacionais (PCN): ensino fundamental, 53

    3.1 Breve histórico, 57

    3.2 Os níveis escolares, 60

    3.3 Objetivos do ensino fundamental, 61

    3.4 Os PCN (de 5ª a 8ª série) para a área de Língua Portuguesa, 63

(4) Estudo dos Parâmetros Curriculares Nacionais (PCN): ensino médio, 77

    4.1 Reformulação do ensino médio e as áreas do conhecimento, 80

    4.2 Proposta curricular para o ensino médio, 85

    4.3 A Língua Portuguesa no ensino médio, 87

(5) Critérios para análise do livro-texto a serem adotados no 3º e 4º ciclos do ensino fundamental: Parte I, 97

    5.1 Estudo da oralidade, 102

    5.2 Leitura de textos escritos, 106

(6) Critérios para análise do livro-texto a serem adotados no 3º e 4º ciclos do ensino fundamental: Parte II, 113

(7) Critérios para análise do livro-texto a serem adotados no ensino médio, 125

(8) Uma proposta de anteprojeto para análise de livro--texto à luz dos PCN, 137

(9) Temas transversais: uma proposta metodológica, 157

    9.1 Aspectos teóricos relativos aos temas transversais, 160

(10) Linguística aplicada: uma proposta metodológica, 171

    10.1 A variação linguística no tempo e no espaço, 174

    10.2 A economia linguística, 179

Referências, 183

Gabarito, 187

Apresentação

A contemporaneidade exige do educando não só uma formação alicerçada em conhecimentos tradicionalmente reconhecidos como necessários ao seu desenvolvimento intelectual, mas também uma formação cultural holística e comprometida com as questões sociais que atingem o ser humano em sua totalidade. A tomada de consciência sobre a importância de se reverem questões educacionais à luz desse novo conceito fez emergir este livro, intitulado *Linguística aplicada*.

Nele, o leitor poderá perpassar retomadas teóricas indicativas de práticas pedagógicas, análise reflexiva sobre conhecimentos referendados por órgãos governamentais, orientações sobre práticas escolares em Língua Portuguesa para o ensino fundamental e o ensino médio, bem como sugestões para elaboração de projetos educacionais referentes à análise de livros didáticos e aos temas transversais.

Por isso, já no primeiro capítulo, "Teorias linguísticas no ensino de Língua Portuguesa: estruturalismo, gerativismo e funcionalismo", o foco é rever esses pressupostos teóricos à luz de uma aplicabilidade metodológica, capaz de contribuir para o desenvolvimento de atividades práticas em sala de aula no que concerne ao ensino de Língua Portuguesa em nível de ensino fundamental e ensino médio.

"O ensino de Língua Portuguesa e o interacionismo", tema do segundo capítulo, focaliza a teoria sociointeracionista e algumas abordagens interacionistas da linguística que concebem o indivíduo como ser ativo, que age sobre o mundo, sempre em relações sociais, culturais e históricas. Destaca, ainda, que o desenvolvimento da linguagem está alicerçado sobre o plano das interações, indicando, portanto, que o ensino e a aprendizagem de Língua Portuguesa devem propiciar o desenvolvimento da competência comunicativa, oportunizando ao aluno a compreensão, a interpretação e a produção textual.

O terceiro capítulo, "Estudo dos Parâmetros Curriculares Nacionais (PCN): ensino fundamental", retoma os conhecimentos postulados no documento oficial do MEC – especialmente os referentes às séries pertencentes ao ensino fundamental (5^a a 8^a) – como diretrizes a serem seguidas por professores brasileiros. Enfatiza a linha pedagógica e os procedimentos metodológicos para o ensino de Língua Portuguesa nessa faixa de estudo, os quais visam ao conhecimento linguístico operacional (isto é, ações que se fazem com e sobre a linguagem) e às implicações culturais e sociais decorrentes do uso da língua.

No quarto capítulo, "Estudo dos Parâmetros Curriculares Nacionais (PCN): ensino médio", conferem-se os novos rumos do trabalho com Língua Portuguesa nesse nível de ensino. A reflexão feita é a de que o ensino e a aprendizagem da língua materna devem ser vistos como um instrumento importante, capaz de habilitar o aluno para a obtenção e a construção do conhecimento nas demais áreas do saber. Nessa perspectiva, o estudo de Língua Portuguesa e de procedimentos metodológicos direciona para a necessidade de estes serem retomados com base em uma visão linguisticamente mais tolerante e mais analítica.

Em "Critérios para análise do livro-texto a serem adotados no 3º e 4º ciclos do ensino fundamental: Partes I e II", apresentam-se sugestões de critérios norteadores para se analisar um livro didático. Na Parte I (quinto capítulo), essa análise detém-se na formatação, na impressão visual, no estudo da oralidade e na leitura de textos escritos. Na Parte II (sexto capítulo), o enfoque prioriza a produção de textos orais e escritos, assim como conhecimentos linguísticos.

No sétimo capítulo, "Critérios para análise do livro-texto a serem adotados no ensino médio", a preocupação centraliza-se em critérios voltados para o estudo da linguagem, da seleção de conteúdos, bem como de competências e habilidades a serem desenvolvidas com base em atividades contidas nos livros-textos referentes ao ensino médio.

Em "Uma proposta de anteprojeto para análise de livro-texto à luz dos PCN", oitavo capítulo, é apresentada uma situação concreta em termos de projeto (desenvolvido por alunos do curso de Letras – Ulbra/Canoas), com o objetivo de que essa experiência possa servir de paradigma para o desenvolvimento de outros projetos, desde que adequados ao contexto socioeducacional no qual profissionais e comunidade estejam inseridos.

Os dois capítulos finais, "Temas transversais: uma proposta metodológica" e "Linguística aplicada: uma proposta metodológica", compõem-se de sugestões práticas para que o leitor vislumbre possibilidades pedagógicas criativas e inovadoras, capazes de recriar atividades de estudo em Língua Portuguesa, compromissadas com a construção da cidadania, o que significa a necessidade de considerar as problemáticas que emergem do convívio social e integrá-las à compreensão dos direitos e da responsabilidade em relação à vida pessoal, coletiva e ambiental da comunidade socio-cultural-educativa.

Boa leitura.

Santa Inês Pavinato Caetano

(1)

Teorias linguísticas no ensino de Língua Portuguesa: estruturalismo, gerativismo e funcionalismo

Cláudia Soares Barbosa é lincenciada em Letras – Língua Portuguesa e Literaturas (1996) pela Universidade Federal de Juíz de Fora (UFJF), licenciada em Letras – Língua Espanhola e Literaturas de Língua Espanhola (2005) pela Universidade Luterana do Brasil (Ulbra) e mestre em Linguística Aplicada (2005) pela Pontifícia Universidade Católica do Rio Grande do Sul (PUCRS). Atualmente, tem experiência na área de letras, com ênfase em língua portguesa, atuando principalmente nos seguintes temas: língua, linguística, sociolinguística, teoria da variação e dialetologia.

Cláudia Soares Barbosa

Neste capítulo, estudaremos as aplicabilidades das teorias linguísticas no ensino de Língua Portuguesa. Para isso, faremos uma breve retomada do estruturalismo, do gerativismo e do funcionalismo, para entendermos como essas teorias se aplicam no ensino de nossa língua.

(1.1)
Estruturalismo

No estruturalismo, a tarefa do linguista é analisar a organização e o funcionamento dos elementos constituintes da língua, que, nesse modelo, é reconhecida como um sistema.

Na visão de Saussure (1983), a língua é um sistema, isto é, um conjunto de unidades que obedecem a certos princípios de funcionamento, constituindo, assim, um todo coerente. Conforme Cunha, citado por Martelotta (2008, p. 114),

O estruturalismo, portanto, compreende que a língua, uma vez formada por elementos coesos, inter-relacionados, que funcionam a partir de um conjunto de regras, constitui uma organização, um sistema, uma estrutura. Essa organização dos elementos se estrutura seguindo leis internas, ou seja, estabelecidas dentro do próprio sistema.

Cabe aqui fazer uma menção ao jogo de xadrez (analogia criada por Saussure). Neste o valor de cada peça não é definido por sua materialidade; o sistema não existe em si mesmo, mas é instituído dentro do jogo.

Em um tabuleiro de xadrez, o importante não é como as peças são produzidas; elas podem ser de qualquer material. O que nos faz entrar no jogo e desenvolvê-lo é a nossa compreensão de como as peças se relacionam entre si, de quais são as regras estabelecidas, de qual é a função determinada para cada uma delas e em relação às demais. Tanto essa afirmação é verdadeira que, se substituíssemos as peças de xadrez por qualquer objeto ou material, isso não afetaria o sistema, uma vez que cada peça depende unicamente das relações, das oposições, entre as unidades. De acordo com Costa, citado por Martelotta (2008, p. 114),

Podemos, como quer Saussure, pensar a estrutura linguística a partir desse mesmo entendimento: estabelecemos comunicação porque conhecemos as regras da gramática de uma determinada língua. Ou seja, conhecemos as peças disponíveis do jogo e suas possibilidades de movimento, como elas se organizam e se distribuem. Não se trata, obviamente, do conhecimento acerca das regras normativas que encontramos nos livros de gramática. Não estamos falando de regras estabelecidas por um grupo de estudiosos em um determinado momento da história. Se assim fosse, aqueles que desconhecessem tais regras não se comunicariam.

Como podemos inferir, as normas que compõem o sistema linguístico começam a manifestar-se muito cedo, isto é, na fase de aquisição da linguagem. Trata-se de um conhecimento adquirido no meio social, na relação com a comunidade de fala a que pertencemos. Esse conhecimento, tal como no jogo de xadrez, independe da materialidade, da substância de que as peças são formadas.

A linguagem concebida dessa forma nos leva ao axioma fundamental do estruturalismo: a concepção da língua como um sistema que deve ser estudado com base em suas relações internas, ou seja, fenômenos extralinguísticos não são levados em consideração, uma vez que a estrutura da língua deve ser descrita apenas mediante suas relações internas. Ficam excluídas, assim, as relações concernentes à língua que não sejam absolutamente vinculadas com a organização interna dos elementos que constituem o sistema linguístico. Nas palavras de Saussure (1983, p. 24-25), essa concepção corresponderia a "estudar a língua em si".

Diante do exposto, podemos afirmar que, no estruturalismo, a língua é considerada um sistema. Para compreendermos como as unidades construtivas desse sistema encontram-se relacionadas umas às outras e a sua aplicabilidade no ensino de Língua Portuguesa, apresentaremos alguns exemplos relativos aos níveis fonológico, morfológico e sintático.

Nível fonológico

No nível fonológico, as unidades se combinam para formar sílabas. Sabemos que o português é uma língua silábica e não admite formação de sílaba sem um fonema vocálico, ou seja, não temos em nossa língua uma sílaba formada apenas por fonemas consonantais. Citando Câmara Junior (1970, p. 26), a estruturação silábica da língua portuguesa depende do ápice constituído por uma vogal. Nossa língua adota basicamente quatro estruturas fundamentais: V – VC – CV – CVC, porém permite a formação de mais tipos de sílabas, que exemplificaremos a seguir:

V	VC	CVC
a – ve	al – to	gar – fo

CV	CCV	CCVC
ca – ne – la	pla – ne – ta	plás – ti – co

CVCC	VV	VVC	CCVV
pe<u>rs</u> – pi – caz E'X'E'E	<u>ai</u> X'X	le – <u>ais</u> X'X'E	<u>flau</u> – ta E'E'X'X

CVV	CVV	CVVC	CCVVC
<u>sou</u> C X X	ár – <u>dua</u> E'X'X	<u>leis</u> E X X E	<u>claus</u> – tro E'E'X'X'E

Podemos verificar, pelos exemplos, que o ápice da estrutura silábica da língua portuguesa é o elemento vocálico. A sílaba pode ser formada apenas por uma vogal ou conter fonemas consonantais; o que não pode acontecer é a vogal ser omitida na sílaba.

Nível morfológico

No modelo estruturalista, é analisada a estrutura interna de cada palavra e, com base nisso, chega-se ao conceito de morfema, que é a unidade mínima portadora de significado lexical e gramatical. No nível morfológico, os morfemas se unem para formar a palavra, ou *sintagma vocabular*, termo utilizado por alguns autores. Podemos destacar como tipos de análise a comutação, a alomorfia e a morfofonêmica. Vejamos, na sequência, como isso se aplica em nossa língua.

Comutação

Por meio da comutação, podemos perceber o que muda e o que permanece na forma da palavra ao compará-la com outras, como ela se relaciona, tanto do ponto de vista formal quanto do ponto de vista do significado (Câmara Junior, 1996, p. 25).

leal	des – leal	leal – dade
RADICAL	PREFIXO RADICAL	RADICAL SUFIXO

Assim, prefixos e sufixos, respectivamente, antecedem e sucedem o radical. Observe:

en – triste – cer
PREFIXO RADICAL SUFIXO

Alomorfia

Conforme Flores e Vernes (2004, p. 26), "alomorfia é o procedimento analítico de comparação entre as formas de palavras que permite comprovar a existência de representações alternativas do mesmo morfema, os alomorfes". Veja um exemplo para melhor compreensão:

estudávamos
PRETÉRITO IMPERFEITO
DO INDICATIVO

estudáveis
PRETÉRITO IMPERFEITO
DO INDICATIVO

Morfofonêmica

Ainda citando Flores e Vernes (2004, p. 26), *morfofonêmica* é a maneira de a alomorfia mostrar que certas combinações de elementos linguísticos afetam a estrutura do vocábulo, operando entre fonemas e alterando o modo de dizer e/ou escrever palavras. Observe os exemplos a seguir:

in + *feliz* = *infeliz*
in + *provável* = *improvável*
in + *paciente* = *impaciente*
in + *perfeito* = *imperfeito*
in + *moral* = *imoral*
in + *mortal* = *imortal*
in + *móvel* = *imóvel*
in + *legível* = *ilegível*
in + *racional* = *irracional*
in + *regular* = *irregular*
in + *recusável* = *irrecusável*
in + *reparável* = *irreparável*

Vemos, nos exemplos destacados, que o prefixo negativo *in-*, em língua portuguesa, sofre uma redução para *i-* diante das consoantes *m*, *l* e *r*. Outra mudança que apontamos é que o prefixo *in-* muda para *im-* diante das consoantes *p* e *b*. A análise morfofonêmica ajuda a entender as mudanças linguísticas já ocorridas, bem como a descrever alterações recentes.

Nível sintático

No nível sintático, as palavras se combinam para formar frases. Nenhum falante nativo de língua portuguesa produz frases agramaticais, ou seja, que são impossíveis de serem realizadas, como em "para uma comprou bicicleta filho o ele." Observe:

```
Ele    comprou    uma   bicicleta   para    o    filho.[a]
 |        |        |        |        |      |      |
Det      V        Det       N       prep   Det     N
 |        |         \      /         |      \     /
 SN      SV           SN            Sprep     SN
```

Finalizando, podemos afirmar que o estruturalismo entende que a língua é forma (estrutura), e não substância (a matéria a partir da qual ela se manifesta). Porém, reconhece a necessidade da análise da substância para que possamos formular hipóteses acerca do sistema a ela relacionado.

(1.2)
Gerativismo

O gerativismo teve início nos Estados Unidos, no final da década de 1950, com os trabalhos do linguista Noam Chomsky. Como já sabemos, o gerativismo surgiu em reação ao modelo distribucional de Leonard Bloomfield[b]. Nesse modelo, a linguagem humana é um fenômeno externo ao indivíduo, um sistema de hábitos gerado como resposta a estímulos e fixado pela repetição.

Chomsky lançou uma severa crítica à visão comportamentalista da linguagem sustentada pelos behavioristas.

---

a. SN = sintagma nominal; SV = sintagma verbal; Sprep = sintagma preposicional; Det = determinante.

b. Leonard Bloomfield (1887-1949) é considerado o fundador da linguística estrutural norte-americana.

O linguista chamou a atenção para a criatividade linguística do falante, ou, conforme Dubois et al. (2002, p. 314), para a "sua capacidade de emitir e compreender frases inéditas", ou seja, a todo momento, construímos frases novas e inéditas. Dessa forma, independente da classe social ou do nível de escolaridade, todos os falantes são criativos linguisticamente. Para Kenedy (2008, p. 127),

> *Com as suas ideias, Chomsky revitalizou a concepção racionalista dos estudos da linguagem, em oposição franca e direta à concepção empirista de Skinner, Bloomfield e demais estruturalistas norte-americanos e europeus. Para Chomsky, a capacidade humana de falar e entender uma língua (pelo menos), isto é, o comportamento linguístico dos indivíduos, deve ser compreendida como o resultado de um dispositivo inato, uma capacidade genética e, portanto, interna ao organismo humano (e não completamente determinada pelo mundo exterior, como diziam os behavioristas), a qual deve ser fincada na biologia do cérebro/mente da espécie e é destinada a constituir a competência linguística de um falante.*

A partir do gerativismo, as línguas deixam de ser interpretadas como um comportamento socialmente condicionado e passam a ser analisadas como uma faculdade mental natural. Conforme Kenedy (2008, p. 130), "a morada da linguagem passa a ser a mente humana".

A gramática transformacional foi a primeira elaboração do modelo gerativista que tinha como objetivo descrever como os constituintes das sentenças eram formados e como tais constituintes transformavam-se em outros meios da aplicação de regras. Segundo Dubois et al. (2002, p. 314), "nessa perspectiva, a gramática é um mecanismo finito que permite gerar (engendrar) o conjunto infinito das frases gramaticais (bem formadas, corretas) de uma língua, e somente elas".

Veremos como essa análise se aplica ao ensino da sintaxe em nossa língua. No exemplo a seguir, a oração está representada por meio de um diagrama-árvore ou arbóreo, famosa maneira pela qual os gerativistas representam as estruturas sintáticas.

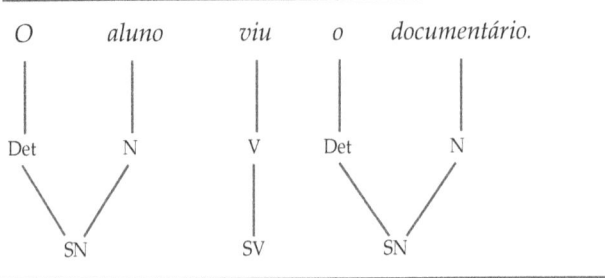

A sentença (S) "O aluno viu o documentário" é formada pela relação estrutural entre o sintagma nominal (SN) "o aluno" e o sintagma verbal (SV) "viu o documentário". O SN é formado pelo determinante (Det) "o" e pelo nome (N) "aluno"; o SV, por sua vez, é formado pelo verbo (V) "viu" e pelo outro SN "o documentário", o qual se forma também por uma relação entre Det e N, no caso "o" e "documentário" respectivamente.

Essa sentença possui itens lexicais, que estão organizados entre si por meio de relações estruturais que chamamos de *marcadores sintagmáticos*, os quais poderiam sofrer regras de transformação de modo a formar outras sentenças, como: "O documentário foi visto pelo aluno", "O que o aluno viu?", "Quem viu o documentário?". Ou seja, os gerativistas perceberam que as infinitas sentenças de uma língua são formadas pela aplicação de um finito sistema de regras (a gramática) que transforma uma estrutura em outra (sentença ativa em sentença passiva, declarativa em interrogativa, afirmativa em negativa). É precisamente esse sistema de regras que, então, assume-se como o conhecimento linguístico existente na mente do falante de uma língua, o qual deveria ser descrito e explicado pelo linguista gerativista (Martelotta, 2008, p. 131)[c].

Veremos, agora, como o modelo gerativista tratou a morfologia. Segundo Flores e Vernes (2004, p. 36), "o léxico no gerativismo passou a ser tido como um depósito de irregularidades, e a morfologia própria de cada língua tornou-se uma espécie de arquivo memorizado, um estoque de palavras". A explicação para a diversidade encontrada é que cada língua apresenta um conjunto específico de palavras.

O conceito de lexema foi fundamental para o estudo da morfologia gerativa. A partir da formulação desse conceito, não seria mais preciso identificar, nomear e classificar os morfemas. Citando Flores e Vernes (2004, p. 39),

Desse modo, quando uma palavra poderia ser segmentada, os segmentos passaram a ser chamados de morfes e eles é que seriam identificados, e não mais as formas mínimas de significação (morfemas). Ou seja, já que a palavra é uma abstração gramatical, o que interessa estudar é o lexema e a palavra morfossintática.

Os gerativistas passaram a representar a estrutura morfológica das palavras por meio de dois tipos de estrutura: a ESTRUTURA MÓRFICA (constituída de morfes, superficial) e a ESTRUTURA MORFÊMICA (constituída de morfemas, abstrata, em nível subjacente) (Flores; Vernes, 2004, p. 41). Veja a seguir como essas estruturas se aplicam em nossa língua:

---

c. Costa, citado por Martelotta (2008).

Estrutura morfêmica"	{Radical}	{masculino}	{plural}
Estrutura mórfica"	cantor	es	

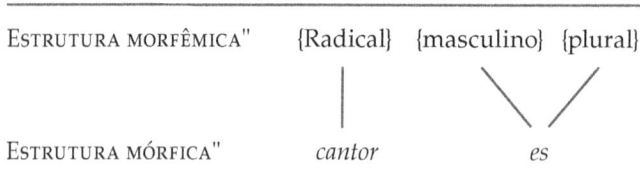

Assim como na sintaxe, as estruturas morfológicas são representadas por meio de diagramas-árvore ou arbóreos. Veja alguns exemplos[d]:

Cantor

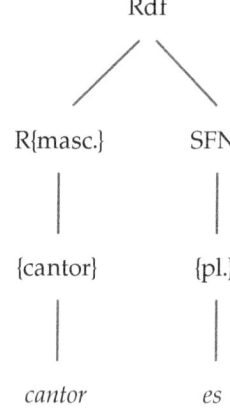

```
              Rdf
             /   \
        R{masc.}  SFN
           |       |
        {cantor} {pl.}
           |       |
         cantor   es
```

---

d. Rdf = radical flexional; Rdl = radical lexical; R = raiz; SFN = sufixo flexional de número; SD = sufixo derivacional; T = tema; ST = sufixo temático; SMT = sufixo modo-temporal; SNP = sufixo número-pessoal (Laroca, 1974, p. 74).

Garotada

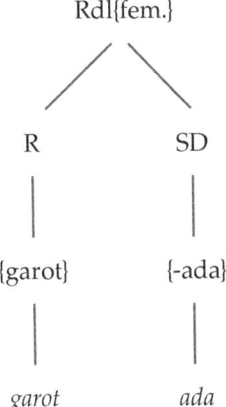

Dançaremos

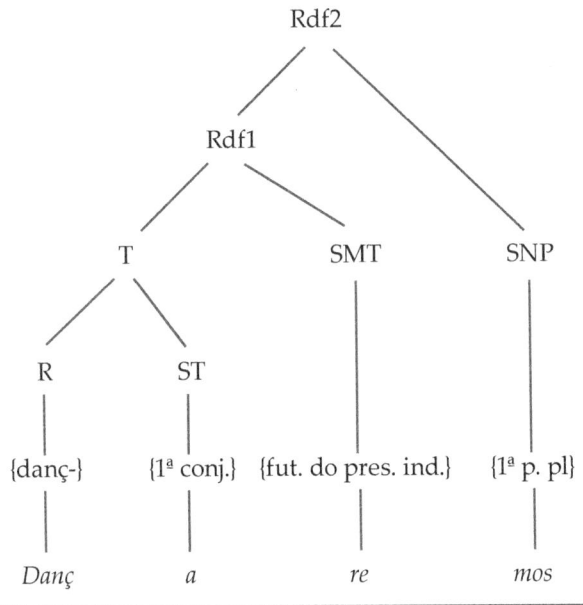

(1.3)
Funcionalismo

O funcionalismo surgiu em oposição ao estruturalismo e ao gerativismo e tem por foco de estudo a relação entre a estrutura gramatical das línguas e os diferentes contextos de uso. Para os funcionalistas, a linguagem é um instrumento de interação social, unindo-se, assim, às teorias que estudam a relação entre linguagem e sociedade. Segundo Cunha, citado por Martelotta (2008, p. 156),

> *Seu interesse de investigação linguística vai além da estrutura gramatical, buscando na situação comunicativa – que envolve os interlocutores, seus propósitos e o contexto discursivo – a motivação para os fatos da língua. A abordagem funcionalista procura explicar as regularidades observadas no uso interativo da língua, analisando as condições discursivas em que se verifica esse uso.*

No funcionalismo, a língua é tida como um instrumento de interação verbal. Dick, citado por Neves (1997), comenta que, no modelo funcional, a língua é concebida, em primeiro lugar, como um instrumento de interação social entre seres humanos, usado com o objetivo principal de estabelecer relações comunicativas entre os usuários. Vejamos o esquema de Dick, citado por Neves (1997):

Figura 1.1 – Interação verbal no funcionalismo

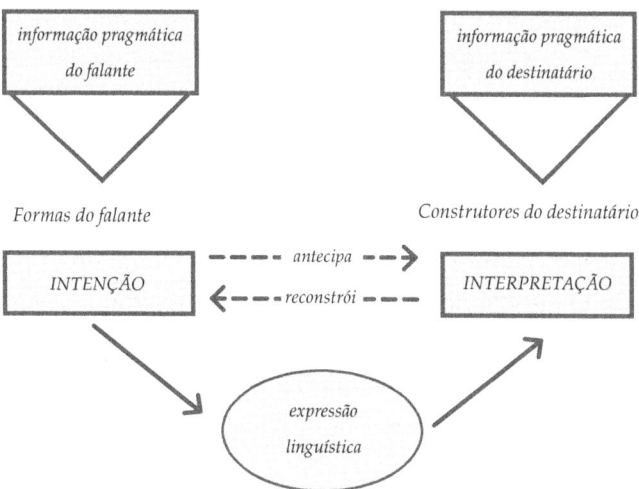

Fonte: Dick, citado por Neves, 1997, p. 19.

Para melhor entendermos essa teoria, vejamos dois exemplos de uso da linguagem, bem comum para os falantes de nossa língua.

Você é agressivo.
Agressivo é você.

Para poder explicar a diferença entre as duas orações citadas, temos que ir além do caráter sintático, ou seja, só podemos entender a escolha do falante ao usar a primeira oração em detrimento da segunda em um contexto em que o interlocutor tenha feito um insulto. O funcionalismo analisa a linguagem em uso dentro de um contexto específico.

É importante ressaltar que a gramática funcional volta-se para a análise do significado (semântica) e, por isso, não costuma enfocar a palavra, ou o morfema, ou a composição sintagmática em tantos detalhes, isoladamente. Em geral, o texto é visto como unidade de análise. Para Flores e Vernes (2004, p. 61), "no funcionalismo a língua é vista como uma rede de relações, e as estruturas nela existentes são tidas como modos de interpretação dessas relações".

Na morfologia do português, flexão e derivação têm diferentes análises do ponto de vista funcional. Entendemos por *flexão* a articulação de desinências que indicam as categorias gramaticais do nome (gênero e número) e do verbo (modo, tempo, número e pessoa). A flexão não forma palavras novas. A derivação é um processo morfológico que permite a criação de novas palavras. Analisaremos, na sequência, a aplicabilidade do funcionalismo em nossa língua.

Morfologia lexical

A seguir, veremos como ocorre a morfologia lexical.

Somente serão distribuídos ingressos para o show da Madonna para os primeiros que chegarem ao local do evento, todos previamente demarcados. Está previsto um grande número de pessoas.

As palavras *somente, previamente, demarcados* e *previsto* derivaram-se de outras palavras, dando origem a outras formas. *Só* (adjetivo) tornou-se *somente* (advérbio), *prévia* (adjetivo) tornou-se *previamente* (advérbio), *marcados* tornou-se *demarcados* e *visto* tornou-se *previsto*. Podemos perceber que, nos dois últimos casos, a classe gramatical continuou a mesma, mas uma nova palavra foi formada.

Veja outros exemplos:

Quando conheci Elisabeth, ela era uma garota regrada. Tudo em sua vida se baseava em regras. Quando tornei a encontrá-la, estava irreconhecível, sua vida estava desregrada.

Analisando as palavras destacadas no texto, podemos notar que do verbo *regrar* derivou a palavra *regras* (substantivo); depois temos *regrada* (particípio passado do verbo *regrar*, nesse contexto, com função adjetiva); por fim, temos *desregrada*, palavra de que derivou *regrada*.

Carlos comprou um terno que precisou <u>ajustar</u>. Certo de que o alfaiate o teria <u>ajustado</u>, foi se vestir. Ficou surpreso ao experimentar e perceber que de <u>justo</u> não tinha nada, pelo contrário, estava todo <u>desajustado</u>.

Podemos perceber, nesse texto, que do verbo *ajustar* derivaram *ajustado*, *justo* e *desajustado*. Todas essas palavras derivadas só poderiam ser compreendidas com essa acepção nesse contexto, uma vez que podem possuir outros significados em contextos diferentes.

Fica claro para nós que, nesse modelo, a língua não constitui um conhecimento autônomo, independente do comportamento social; ao contrário, o falante faz adaptações às diferentes situações comunicativas. Concluindo, o funcionalismo difere das abordagens formalistas – estruturalismo e gerativismo – primeiro por conceber a linguagem como um instrumento de interação social, e segundo porque seu interesse de investigação linguística vai além da estrutura gramatical, buscando no contexto discursivo a motivação para os fatos da língua (Martelotta, 2008)[e].

---

e. Cunha, citado por Martelotta (2008).

Atividades

1. Assinale a alternativa que apresenta a definição correta do modelo estruturalista:
   a. No estruturalismo, a tarefa do linguista é analisar a organização e o funcionamento dos seus elementos constituintes.
   b. No estruturalismo, a tarefa do linguista é analisar a falta de organização e o funcionamento dos seus elementos constituintes.
   c. No estruturalismo, a tarefa do linguista não é analisar a organização e o funcionamento dos seus elementos constituintes.
   d. No estruturalismo, a tarefa do linguista é analisar somente a organização e o funcionamento dos seus elementos constituintes.

2. É correto afirmar sobre o gerativismo:
   a. Com o gerativismo, as línguas deixam de ser interpretadas como um comportamento socialmente condicionado e passam a ser analisadas como uma faculdade mental artificial.
   b. Com o gerativismo, as línguas não são interpretadas como um comportamento socialmente condicionado e passam a ser analisadas como uma faculdade mental natural.
   c. Com o gerativismo, as línguas deixam de ser interpretadas como um comportamento socialmente condicionado e somente passam a ser analisadas como uma faculdade mental natural.
   d. Com o gerativismo, as línguas deixam de ser interpretadas como um comportamento socialmente incondicionado e passam a ser analisadas como uma faculdade mental superficial.

3. Para o funcionalismo, a língua:
   a. é concebida, em primeiro lugar, como um instrumento de interação entre seres humanos, usada com o objetivo principal de estabelecer relações hipotéticas entre os usuários.
   b. é concebida, em primeiro lugar, como um instrumento de não interação social entre seres humanos, usada com o objetivo principal de estabelecer relações comunicativas entre os usuários.
   c. é concebida, em primeiro lugar, como um instrumento de interação social entre seres humanos, usada com o objetivo principal de não estabelecer relações comunicativas entre os usuários.
   d. é concebida, em primeiro lugar, como um instrumento de interação social entre seres humanos, usada com o objetivo principal de estabelecer relações comunicativas entre os usuários.

4. Assinale a alternativa correta:
   a. No modelo estruturalista, não é analisada a estrutura interna de cada palavra e, com base nisso, chega-se ao conceito de morfema, que é a unidade mínima portadora de significado lexical e gramatical.
   b. No modelo estruturalista, é analisada a estrutura interna de cada palavra e, com base nisso, não se chega ao conceito de morfema, que é a unidade mínima portadora de significado lexical e gramatical.
   c. No modelo estruturalista, é analisada a estrutura interna de cada palavra e, com base nisso, chega-se ao conceito de morfema, que é a unidade mínima portadora de significado lexical e gramatical.
   d. No modelo estruturalista, é analisada a estrutura interna de cada palavra e, com base nisso, chega-se ao conceito de morfema, que não é a unidade mínima portadora de significado lexical e gramatical.

5. É correto afirmar:
   a. Alomorfia é o procedimento sintético de comparação entre as formas de palavras que permite comprovar a existência de representações alternativas do mesmo morfema, os alomorfes.
   b. Alomorfia é o procedimento analítico de comparação entre as formas de palavras que não permite comprovar a existência de representações alternativas do mesmo morfema, os alomorfes.
   c. Alomorfia não é o procedimento analítico de comparação entre as formas de palavras que permite comprovar a existência de representações alternativas do mesmo morfema, os alomorfes.
   d. Alomorfia é o procedimento analítico de comparação entre as formas de palavras que permite comprovar a existência de representações alternativas do mesmo morfema, os alomorfes.

(2)

O ensino de Língua Portuguesa e o interacionismo

Cléa Silvia Krás é licenciada em Letras – Português e Inglês (1973), especialista em Linguística Aplicada ao Ensino do Português (1983), mestre (2002) e doutora (2007) em Letras, todos pela Pontifícia Universidade Católica do Rio Grande do Sul (PUCRS). Tem experiência nas áreas de Letras e Educação, ministrando palestras, oficinas, minicursos, cursos de extensão, entre outros.

Cléa Silvia Krás

No capítulo anterior, estudamos os modelos teóricos do estruturalismo, do gerativismo e do funcionalismo no ensino de Língua Portuguesa. Esses estudos não consideram fatores contextuais. A linguística passa, então, a estudar a linguagem como forma de interação, isto é, "uma Linguística que se ocupa das manifestações linguísticas produzidas por indivíduos concretos em situações concretas, sob determinadas condições de produção", como menciona Koch (1992, p. 11).

O que pretendemos neste capítulo é destacar a abordagem sociointeracionista na educação e as abordagens interacionistas na linguística, que se estabeleceram como perspectivas produtivas atualmente. Depois, objetivamos mostrar a influência que esses modelos estão exercendo no ensino de Língua Portuguesa.

Como iremos observar, essas teorias se preocupam não só com a relação entre linguagem e pensamento, como também com a relação entre linguagem e sociedade, considerando, então, o estudo das relações entre os usuários da linguagem. Dessa forma, a preocupação do postulado (socio)interacionista é o usuário em sua relação de comunicação: dá importância a esse usuário em sua relação de interlocução com outro usuário, levando em conta a intenção do locutor e o reconhecimento dessa intenção pelo ouvinte.

(2.1)
O sociointeracionismo: uma teoria de aprendizagem

Vamos começar este estudo observando as diferentes concepções de ensino e aprendizagem, para, com base em diferentes pontos de vista, examinarmos com mais profundidade a visão sociointeracionista.

Quando falamos em *teorias de aprendizagem*, podemos citar três abordagens básicas, chamadas mais usualmente, na atualidade, de *empirismo, inatismo* e *sociointeracionismo*. Vamos examiná-las na sequência.

Empirismo (behaviorismo)

As propostas empiristas entendem que o conhecimento é derivado da experiência, que todo conhecimento é transmitido e o aluno recebe o objeto do conhecimento no exterior dele. A aprendizagem, entendida como "transmissão" de conhecimento, constitui a "marca registrada" do empirismo.

Nessa perspectiva, a criança é entendida como sendo, ao nascer, uma "tábula rasa" em termos de conhecimento: a aprendizagem só poderá ser entendida como algo que vem de fora e adere na mente infantil. Assim, tudo o que se aprende vem de fora, pelos sentidos.

Segundo Santos (2004, p. 217), durante a tradição estruturalista da linguística, era comum a visão associacionista entre som e significado. O modelo behaviorista previa o aprendizado de comportamentos linguísticos e não linguísticos por meio de "estímulos, reforços e privações", com base na visão do psicólogo norte-americano Burrhus Frederic Skinner (1904-1990) sobre o comportamento. Para Skinner, o aprendizado linguístico era análogo a qualquer outro aprendizado (estímulo, resposta, reforço).

Inatismo (gestaltismo)

Os inatistas entendem que todo conhecimento tem sua origem em estruturas mentais inatas. É a concepção de conhecimento segundo a qual conhecer é possível porque já se traz algo, ou inato, ou programado, na bagagem hereditária, para amadurecer mais tarde, em etapas previstas. Nessa abordagem, o conhecimento é anterior à experiência. A tese de que o ser humano é dotado de uma gramática interna remonta o matemático e linguista norte-americano Noam Chomsky (1928), que propõe, também, conceitos como competência e desempenho, criando, na linguística, a teoria do gerativismo.

Sociointeracionismo (socioconstrutivismo)

Uma outra proposta é a teoria sociointeracionista, cujo principal representante é o psicólogo soviético Lev Semionovitch Vygotsky (1896-1934), que explica o desenvolvimento da linguagem e do pensamento com base nas interações sociais.

Assim, segundo esse autor, a linguagem e o pensamento resultam de um processo histórico e social, e é na troca comunicativa entre os indivíduos que eles adquirem conhecimento.

Nessa concepção de aprendizagem, o processo pedagógico considera todos capazes de aprender, uma vez que as estruturas construídas socialmente são internalizadas e a criança e o jovem passam a controlar o ambiente e o próprio comportamento.

Atentemos para o fato de que essa é a tendência pedagógica atual, que considera o desenvolvimento cognitivo como um processo do exterior para o interior, ou seja, o indivíduo aprende em meio às relações sociais.

A obra de Vygotsky (1988), ao lado das obras de Luria e Leontiev, seus colaboradores, construiu propostas teóricas inovadoras com enfoque sociointeracionista sobre o desenvolvimento humano, ressaltando o papel da escola no desenvolvimento mental das crianças. Sua obra é uma das mais estudadas pela pedagogia contemporânea[a].

Como podemos observar, Vygotsky (1988) atribui às relações sociais um papel preponderante no processo de desenvolvimento intelectual dos indivíduos, sendo que educadores atuais se interessam em particular por esses estudos, originando a corrente pedagógica denominada *sociointeracionismo* ou *socioconstrutivismo*.

---

a. Um de seus livros famosos é *A formação social da mente* (1988).

(2.2)
O interacionismo na linguística

Como ponto de partida, citamos um conhecido postulado interacionista: "toda ação humana procede de interação". A ideia presente nesse enunciado pode ser constatada, porque a nossa natureza social nos induz à interação.

Consideremos, também, que, etimologicamente, a palavra *interação* vem do prefixo latino *inter-* – que dá ideia de "influência recíproca, reciprocidade" – e a palavra *ação*, que provém da palavra latina *actione* – que significa "atuação", "ato ou efeito de agir, de atuar; maneira como um corpo, um agente, atua sobre o outro" (Ferreira, 2008). Desse modo, *interação* é a ação exercida mutuamente entre duas ou mais pessoas, ou seja, uma ação recíproca.

É, pois, partindo desse sentido do enunciado e da palavra, que a linguística estuda o fenômeno da interação, mais especificamente da interação verbal. Com isso, reconhece que a língua não é só signo linguístico, mas envolve os falantes (usuários), que expressam ideias, pensamentos e intenções em contextos sociais, por isso ela é ação, é trabalho coletivo dos falantes.

Segundo Morato (2005, p. 311-312), num sentido amplo do termo *interacionismo* em linguística, podem ser considerados interacionistas, inicialmente, os seguintes ramos: a sociolinguística, a pragmática, a psicolinguística, a semântica enunciativa, a análise da conversação, a linguística textual e a análise do discurso, os quais apresentam uma posição externalista a respeito da linguagem, ou seja, interessam-se pelo tipo de sistema da linguagem e pelo modo como ela se relaciona com o mundo externo, com as condições múltiplas e heterogêneas de sua constituição e funcionamento.

Posteriormente, o interacionismo linguístico estimulou e abrigou concepções de outras áreas do conhecimento, trazendo para o seu campo certas categorias como *ação, outro, prática, sociedade, cognição*, promovendo análises pluridisciplinares para os fenômenos linguísticos, com vistas ao entendimento das relações entre indivíduo e sociedade.

É desse modo que Mikhail Bakhtin e Vygotsky compõem um quadro de extrema importância para a orientação interacionista da linguagem. Os dois se assemelham em muitos pontos a partir de sua formação acadêmica, que era humanística.

Historiador e filósofo, Bakhtin (1997), na obra *Marxismo e filosofia da linguagem*, coloca a palavra como signo ideológico por excelência, trazendo, na sua filosofia da linguagem, uma importante contribuição para as ciências humanas que lidam especialmente com o fenômeno linguístico e suas implicações – uma delas é o ensino da língua em todas as suas modalidades. Estudada como processo, a linguagem humana nos é apresentada por Bakhtin em suas mais profundas características: a polifonia (as vozes de que ela se constitui), a polissemia (multiplicidade significativa), a abertura e a incompletude (intertextualidade) e a dialogia constitutiva (diálogo com o outro). Dessa forma, conceitua Bakhtin (1997, p. 66): "a palavra revela-se, no momento de sua expressão, como o produto da interação viva das forças sociais. É assim que o psiquismo e a ideologia se impregnam mutuamente no processo único e objetivo das relações sociais".

O psicólogo Vygotsky, por sua vez, dá ênfase à natureza social da fala, ao seu caráter mediador na constituição da atividade mental e coloca a dialogia na base desse processo. O diálogo aparece, então, como a forma primeira da fala, na qualidade de estímulo externo, na medida em que se interioriza e vai desenvolvendo aos poucos no indivíduo a consciência do mundo e de si mesmo.

A perspectiva interacionista, no campo da linguística, dá importância à relação entre interação e linguagem (ou entre interação e aquisição, interação e comunicação, interação e cognição). São vários os trabalhos sobre esse tema. Vamos agora estudar alguns linguistas que se posicionam nessa linha de estudo.

Na visão interacionista, a linguagem é concebida como forma ou processo de interação. Segundo Travaglia (1997, p. 23),

> *o que o indivíduo faz ao usar a língua não é tão somente traduzir e exteriorizar um pensamento, ou transmitir informações a outrem, mas sim realizar ações, agir, atuar sobre o interlocutor (ouvinte/leitor). A linguagem é, pois, um lugar de interação humana, de locutores, em uma dada situação de comunicação e em um contexto socio-histórico e ideológico. Os usuários da língua ou interlocutores interagem enquanto sujeitos que ocupam lugares sociais e "falam" e "ouvem" desses lugares de acordo com formações imaginárias (imagens) que a sociedade estabeleceu para tais lugares sociais.*

Como podemos observar, para Travaglia (1997), o diálogo em sentido amplo é o que caracteriza a linguagem. Assim entendida, ela é uma atividade discursiva, e a língua é produzida socialmente entre interlocutores situados socioculturalmente.

O linguista francês Benveniste (1976, p. 286) afirma que a propriedade que possibilita a comunicação e, portanto, a atualização da linguagem consiste no fato de que "é na linguagem e pela linguagem que o homem se constitui como sujeito; porque só a linguagem fundamenta na realidade, na sua realidade que é a do ser, o conceito de 'ego'".

Esse autor acrescenta que encontramos aí o fundamento da SUBJETIVIDADE, que se determina pelo estatuto da PESSOA. O "eu" existe por oposição ao "tu", e é na condição do diálogo que se constitui pessoa, construindo-se na reversibilidade dos papéis "eu/tu". "A linguagem só é possível porque cada locutor se apresenta como sujeito, remetendo a ele mesmo como EU no seu discurso. Por isso, EU propõe outra pessoa, aquela que, sendo embora exterior a 'mim', torna-se o meu eco – ao qual digo TU e que me diz TU" (Benveniste, 1976, p. 286).

Na polaridade do "eu/tu", Benveniste (1976) afirma que o "eu" designa seu locutor e, no exercício da língua, o "eu" enuncia-se. Quando o "eu" da enunciação põe a linguagem em funcionamento, ele constrói o mundo como objeto, ao mesmo tempo em que se constrói a si mesmo.

Assim, na concepção interacionista da linguagem, os usuários são vistos como sujeitos ativos que, dialogicamente, constroem-se e são construídos no discurso, considerado o lugar de interação e da constituição dos interlocutores.

De acordo com Koch (2004, p. 33), a produção de linguagem

> *constitui* ATIVIDADE INTERATIVA *altamente complexa de produção de sentidos, que se realiza, evidentemente, com base nos elementos linguísticos presentes na superfície textual e na sua forma de organização, mas que requer não apenas a mobilização de um vasto conjunto de saberes (enciclopédicos), mas a sua reconstrução – e a dos próprios sujeitos – no momento da interação verbal.*

Por essas considerações, o sentido de um texto é construído na atividade interativa da língua, pois o texto procede de alguém e se dirige a alguém. Por meio desse objeto, o sujeito falante mobiliza vários tipos de conhecimento (linguístico, textual, pragmático e interacional) para produzir a interpretabilidade textual. Assim, o sentido do texto não está no texto em si.

Pelo que vimos até aqui, os estudos linguísticos entendem que o texto não é só uma unidade formal, mas uma unidade de sentido, que implica a importância do falante e do ouvinte para a construção do significado, numa dimensão contextual. Bentes (2001, p. 254-255) defende a posição de que a PRODUÇÃO TEXTUAL (o texto):

a) é uma atividade verbal, isto é, os falantes, ao produzirem um texto, estão praticando ações, atos de fala. Sempre que se interage por meio da língua, ocorre a produção de enunciados dotados de certa força, que irão produzir no interlocutor determinado(s) efeito(s), ainda que não sejam aqueles que o locutor tinha em mira [...];

b) é uma atividade verbal consciente, isto é, trata-se de uma atividade intencional, por meio da qual o falante dará a entender seus propósitos, sempre levando em conta as condições em que tal atividade é produzida [...]. Em outras palavras, o sujeito sabe o que faz, como faz e com que propósitos faz (se entendemos que dizer é fazer);

c) é uma atividade interacional, ou seja, os interlocutores estão obrigatoriamente, e de diversas maneiras, envolvidos no processo de construção e compreensão de um texto.

É importante, também, o processo de como os textos funcionam na interação humana. No modelo proposto por Beaugrande e Dressler (1997), existem sete critérios ou padrões de textualidade (inter-relacionados entre si mediante restrições)[b] e três princípios reguladores da comunicação textual. Entre os critérios de textualidade mencionados, há dois linguísticos (coesão e coerência), dois psicolinguísticos (intencionalidade e aceitabilidade), dois sociolinguísticos (situacionalidade e intertextualidade) e um computacional (informatividade); os três princípios comunicativos são eficácia, efetividade e adequação.

Segundo esse modelo, a COESÃO consiste nas sequências oracionais que compõem a superfície textual, e estas estão vinculadas umas às outras por meio de relações gramaticais, como a repetição, a pronominalização, a definitivização, a correferência, a elisão e a conexão. A COERÊNCIA se dá quando os conceitos (configurações de conhecimento) que compõem o universo do discurso estão interconectados por meio de relações de diversa natureza, como, por exemplo, de causalidade.

A INTENCIONALIDADE consiste na organização coesiva e coerente do texto e segue um plano dirigido até o cumprimento de uma meta, comumente extralinguística. A ACEITABILIDADE se manifesta quando o receptor reconhece que uma sequência de enunciados constitui um texto coeso, coerente e intencional, porque o que se comunica é, ao seu juízo, relevante. A SITUACIONALIDADE se refere aos fatores que fazem com que um texto seja pertinente a determinado contexto de recepção. A INTERTEXTUALIDADE consiste no fato de que a interpretação de um texto dependa do conhecimento que se tenha de outro(s) texto(s). A INFORMATIVIDADE é o fator de novidade que motiva o interesse pela recepção do texto.

---

b. De acordo com Beaugrande e Dressler (1997), no livro *Introducción a la linguística del texto*, esses sete critérios são interdisciplinares, colocando a linguística textual na posição de coluna vertebral interdisciplinar encarregada de regular as relações entre a linguística, a ciência cognitiva e a inteligência artificial.

Quanto aos princípios reguladores da comunicação textual, para Beaugrande e Dressler (Beaugrande; Dressler, 1997), a EFICÁCIA do texto depende de que quem intervenha no intercâmbio obtenha os melhores resultados comunicativos possíveis, empregando nessa tarefa esforço mínimo. Já a EFETIVIDADE está na intensidade do impacto comunicativo que o texto provoca em seus receptores. A ADEQUAÇÃO é o equilíbrio ótimo que se consegue em um texto entre o grau de atualização dos critérios de textualidade, por um lado, e a satisfação das demandas comunicativas, por outro.

Como vimos, podemos constatar que todos esses fatores, resumidamente apresentados, de alguma forma, afetam o sentido do texto, tendo em vista a enorme complexidade do processo de construção textual e a gama de atividades que os locutores realizam visando à produção de sentidos. Em outras palavras, a construção dos sentidos no texto exige o domínio não só de habilidades linguísticas, mas também de estratégias de ordem cognitiva, social e cultural.

Finalizando, consideremos as palavras de Koch (1992, p. 109-110):

> *É por tudo isso que não basta estudar a língua como um código (conjunto de signos), através do qual um emissor transmite mensagens a um receptor; nem como sistema formal, abstrato, de relações entre elementos de vários níveis que permitem estruturar as frases de uma língua, nem como um conjunto de enunciados virtuais cujo "significado" é determinado fora de qualquer contexto.*
>
> *É preciso pensar a linguagem humana como* LUGAR *de interação, de constituição das identidades, de representação de papéis, de negociação de sentidos.*

"Em outras palavras", é preciso encarar a linguagem não apenas como representação do mundo e do pensamento ou como instrumento de comunicação, mas sim, acima de tudo, como forma de INTER-AÇÃO *social.*

Nesta seção, foram apresentados alguns conceitos e abordagens da linguística relativos ao postulado interacionista, os quais podem dar relevantes contribuições para o ensino da Língua Portuguesa, como veremos na sequência.

(2.3)
O ensino de Língua Portuguesa na visão (socio)interacionista

O objetivo fundamental do ensino de Língua Portuguesa, na visão (socio)interacionista, é o desenvolvimento da competência comunicativa, ou seja, "é levar o aluno ao conhecimento da instituição linguística, da instituição social que a língua é, ao conhecimento de como ela está constituída e de como funciona (sua forma e função)", como explica Travaglia (1997, p. 20).

Nesse sentido, a mudança no ensino de Língua Portuguesa faz-se necessária. O estudo da gramática normativa, com exercícios contínuos de descrição gramatical, não vai alcançar o objetivo mencionado, pois o que se aprende com o ensino da gramática é exemplificar descrições feitas pela gramática. Aprender as regras gramaticais é meramente aprender uma convenção, não é compreender uma língua.

Podemos perceber que nos comunicamos por meio de textos; assim, o trabalho de desenvolvimento da competência comunicativa corresponde, em última análise, ao desenvolvimento da leitura e da produção de textos nas mais diferentes situações de interação. Desse modo, nas palavras de Leite (2006, p. 19), o professor deve "integrar o trabalho em sala de aula, através da leitura e da produção de textos que levem o aluno a assumir crítica e criticamente a sua função de sujeito do discurso, seja enquanto falante ou escritor, seja enquanto ouvinte ou leitor-intérprete".

Com essa mesma visão, Geraldi (1997, p. 105) afirma que, "se quisermos traçar uma especificidade para o ensino de língua portuguesa, é no trabalho com textos que a encontramos". Isso quer dizer que o trabalho com textos deve ser a atividade principal da aula de Português.

Nessa perspectiva, o ensino de Língua Portuguesa deve centrar-se em três práticas: leitura de textos, produção de textos e análise linguística no texto.

A LEITURA DE TEXTOS é uma atividade na qual se levam em conta as experiências e os conhecimentos do leitor, além de que exige dele bem mais que o conhecimento do código linguístico, uma vez que ler é compreender o sentido do texto.

Podemos, assim, dizer que a LEITURA:

- exige, além do conhecimento do código linguístico, a compreensão do sentido do texto;
- é uma atividade que leva em conta o conhecimento prévio do leitor;
- é um processo dinâmico, baseado na interação: leitor--texto-autor;
- é uma atividade de produção de sentido;
- é uma atividade que implica estratégias de seleção, antecipação, inferência e verificação.

É importante ressaltar que o professor deve promover a atividade de leitura também com base em textos curtos (noticiários, crônicas, contos, reportagens, lendas, editoriais, artigos de opinião etc.), conforme lemos em Geraldi (2006, p. 64). O autor justifica a sugestão afirmando que esse tipo de texto em sala de aula poderá funcionar como: a) pretexto desencadeador da discussão de um tema sobre o qual os alunos produzirão seus textos; b) revisão de pontos de vista revelados em histórias de vida e em discussões (como racismo, drogas, machismo etc.); c) estudo das formas de dizer empregadas pelo autor; d) estudo de temas específicos do processo de ensino e aprendizagem (por exemplo: estrutura da narrativa, forma de apresentação do personagem etc.).

A PRODUÇÃO DE TEXTO também é uma atividade de interação, de intercâmbio com o outro, que requer clareza e contextualização. Vale lembrar que o texto eficaz não somente expressa o significado pretendido pelo autor, como também é compreendido pelo leitor.

Podemos verificar, então, que ESCREVER é uma atividade:

- de interação: autor-texto-leitor;
- contextualizada;
- comunicacional, isto é, textual;
- organizada;
- que envolve especificidades linguísticas e de uso;
- que se manifesta em gêneros particulares de textos;
- que retoma outros textos (intertextualidade);
- em relação de interdependência com a leitura.

Vale ressaltar, ainda, que a prática, a orientação e a reescritura podem refinar a habilidade da escrita. Além disso, com o exercício constante da expressão escrita, surge a necessidade de se dominar a linguagem culta e trabalhada, estimulando a leitura de outros textos.

Quanto à ANÁLISE LINGUÍSTICA a se praticar em sala de aula, não se trata simplesmente do estudo gramatical, mas da análise do funcionamento dos recursos linguísticos de que a língua dispõe.

Em suma, concebendo a linguagem como um lugar de interação, em que os sujeitos se constituem pelo processo de interlocução, o ensino de Língua Portuguesa deve ser realizado por meio de atividades baseadas em práticas interligadas de leitura e produção de textos, além da análise linguística, a qual deve ser efetuada com base em manifestações concretas da linguagem, que são os textos.

Como proposta, dentro de uma perspectiva textual-interativa, sugerimos a seguinte condução pedagógica:

1. A aula de LEITURA (compreensão de textos) deve constituir-se de atividades com diferentes gêneros textuais (ficcionais e não ficcionais) e tipologias textuais (tipos narrativo, descritivo, dissertativo/argumentativo, informativo e injuntivo), observando-se o propósito discursivo, a função sociocomunicativa do gênero, as variações linguísticas, os aspectos da dimensão espaçotemporal em que o texto foi produzido, a intertextualidade, entre outras questões que propiciem a compreensão do sentido do texto.

2. A aula de PRODUÇÃO TEXTUAL (textos orais e escritos) deve ser um exercício de seleção de recursos linguísticos, informações etc. Por esse tipo de expediente, pode-se contribuir para a construção e a ampliação de conhecimentos por parte dos alunos sobre como agir nessa prática, observando-se as estratégias textualizadoras, como, por exemplo: uso dos recursos linguísticos em relação ao contexto (elementos de referência, registro linguístico, grau de formalidade, seleção lexical, tempos e modos verbais), uso de recursos linguísticos em processo de coesão textual (elementos de articulação e

referenciação), organização da macroestrutura semântica (coerência, articulação entre as ideias/proposições e progressão temática), modos de organização da composição textual (tipologias textuais).

3. A aula de GRAMÁTICA deve ser, sobretudo, uma análise de como cada elemento da língua funciona, ou seja, deve levar o aluno a conscientizar-se da especificidade dos recursos linguísticos empregados no texto.

Pelo que vimos neste capítulo, você pode inferir que abordar a relevância social no ensino de língua implica estabelecer uma relação entre língua e sociedade, e que a atividade discursiva, essencialmente humana e socialmente orientada, deve ser prioridade em todas as séries dos ensinos fundamental e médio nas aulas de Língua Portuguesa. Em outras palavras, a nova prática pedagógica deve ter como pressuposto que a construção do mundo real e todas as percepções que temos dele se dão, de modo fundamental, na interação dos usuários pela linguagem.

Atividades

1. No que refere às teorias de aprendizagem, é correto afirmar:
   a. O sociointeracionismo é uma abordagem segundo a qual o indivíduo é produto do processo de aprendizagem pelo qual passa desde a infância, produto das associações estabelecidas durante sua vida entre estímulos (do meio) e respostas (manifestações comportamentais).
   b. O inatismo é uma teoria que tem como seu grande representante Skinner.
   c. Os inatistas entendem que o processo de desenvolvimento do conhecimento depende das relações sociais.

d. Vygotsky chama a atenção para a função social da fala, daí a importância do outro, do interlocutor, no desenvolvimento da linguagem.

2. A linguagem humana, no curso da história, tem sido concebida de maneiras bastante diversas. É concepção interacionista a que vê a língua como:
    a. representação do mundo e do pensamento.
    b. instrumento de comunicação, ou seja, como meio objetivo para a comunicação.
    c. lugar de ação ou interação, ou seja, como forma ou processo de interação.
    d. expressão do pensamento.

3. Os estudos linguísticos interacionistas assim concebem o texto:
    a. uma atividade interativa altamente complexa de produção de sentidos.
    b. um produto lógico do pensamento realizado por um autor.
    c. um produto da codificação de um emissor a ser decodificado pelo leitor.
    d. uma atividade interacional que pressupõe regras a serem seguidas para a organização lógica do pensamento.

4. No ensino de Língua Portuguesa, na visão do (socio)interacionismo, o objetivo principal é:
    a. mostrar ao aluno como a linguagem funciona.
    b. levar o aluno a dominar a norma culta ou língua padrão.
    c. desenvolver a competência comunicativa, mostrando as variedades linguísticas.
    d. desenvolver a competência comunicativa, visando a desenvolver novas habilidades de uso da língua.

5. Nas asserções seguintes, assinale a alternativa verdadeira:
   a. A leitura é entendida como um processo de interlocução entre texto e autor.
   b. A leitura e a produção textual são atividades de intercâmbio com o outro, que pressupõe interlocutores.
   c. A análise linguística é o estudo sistemático da gramática normativa.
   d. A produção textual é uma atividade de interação que requer apenas o domínio da língua culta.

(3)

Estudo dos Parâmetros Curriculares
Nacionais (PCN): ensino fundamental

Cléa Silvia Krás

Este capítulo tem como objetivo apresentar uma síntese dos Parâmetros Curriculares Nacionais (PCN) no ensino fundamental, especialmente de 5ª a 8ª séries[a], tecendo um roteiro para você entender a criação, os objetivos e a abordagem dos PCN no que se refere à Língua Portuguesa, área de nosso interesse. Além disso, propõe atividades que contemplam o ensino de Língua Portuguesa, uma em especial que possibilita "transversalizar" o tema "ética" nessa disciplina.

a. O período de 5ª a 8ª série equivale ao período de 3º e 4º ciclos nos PCN.

Os PCN foram criados pelo Ministério da Educação e Cultura (MEC) e constituem referencial do processo educativo para os professores de todo o país. O conjunto de proposições expressas nesse documento procura, de um lado, construir referências nacionais comuns ao ensino em todas as regiões brasileiras e, de outro, respeitar diversidades regionais, culturais e políticas existentes no Brasil. Os PCN (Brasil, 1997a, p. 29)

> *têm como função subsidiar a elaboração ou a revisão curricular dos Estados e Municípios, dialogando com as propostas e experiências já existentes, incentivando a discussão pedagógica interna das escolas e a elaboração de projetos educativos, assim como servir de material de reflexão para a prática de professores.*

Como vimos, esse documento apresenta orientações gerais de trabalho que deverão ser adaptadas pelo professor à realidade dos alunos. Dessa forma, as ideias trazidas por eles servem como sugestões à prática em sala de aula, fazendo parte do cotidiano escolar.

A partir deste estudo, esperamos que você seja capaz de perceber as linhas mestras dos PCN de 5ª a 8ª séries e reflita sobre o ensino tradicional, que ficou defasado, e o ensino atual, que precisa atualizar-se e seguir os avanços do mundo moderno, promovendo-se a discussão em sala de aula dos temas de interesse do aluno e da sociedade.

(3.1)
Breve histórico

É importante que você saiba que o ensino fundamental (de primeiro grau) esteve estruturado nos termos previstos pela Lei Federal nº 5.692, de 11 de agosto de 1971 (Brasil, 1971). Essa lei definia as diretrizes e bases da educação nacional e tinha como objetivo geral, tanto para o primeiro grau (com oito anos de escolaridade obrigatória) quanto para o segundo grau (não obrigatório), "proporcionar aos educandos a formação necessária ao desenvolvimento de suas potencialidades como elemento de autorrealização, preparação para o trabalho e para o exercício consciente da cidadania".

Com a nova Constituição da República Federativa do Brasil, promulgada em 5 de outubro de 1988, foram instituídas a necessidade e a obrigação de o Estado elaborar "o plano nacional de educação, de duração plurianual, visando à articulação e ao desenvolvimento do ensino em seus diversos níveis e à integração das ações do Poder Público" (art. 214) (Brasil, 1988).

Além disso, o art. 210 da Constituição brasileira preconiza que "serão fixados conteúdos mínimos para o ensino fundamental, de maneira a assegurar formação básica comum e respeito aos valores culturais e artísticos, nacionais e regionais".

Foi criada, então, a Lei Federal nº 9.394, sancionada em 20 de dezembro de 1996 – Lei de Diretrizes e Bases da Educação Nacional (LDBEN) (Brasil, 1996), que consolida e amplia as responsabilidades do poder público para com a educação de todos, em consonância com o que estabelece a Carta Magna. A LDBEN reforça a necessidade de se propiciar a todos a formação básica comum, o que pressupõe a formulação de um conjunto de diretrizes capaz de nortear os currículos e seus conteúdos mínimos.

Conforme o art. 9º, incisos I e IV, da Lei nº 9.394/1996, compete à União – MEC e Conselho Nacional de Educação:

> I – *elaborar o Plano Nacional de Educação, em colaboração com os Estados, o Distrito Federal e os Municípios; [...]*
>
> IV – *estabelecer, em colaboração com os Estados, o Distrito Federal e os Municípios, competências e diretrizes para a educação infantil, o ensino fundamental e o ensino médio, que nortearão os currículos e seus conteúdos mínimos, de modo a assegurar formação básica comum [...][repetindo, assim, os arts. 210 e 214 da Constituição Federal].*

Vemos que, em decorrência dessas atribuições, no final de 1996, o MEC encaminhou à apreciação do Conselho Nacional de Educação os PCN referentes às quatro primeiras séries do ensino fundamental, que são compostos pelos seguintes documentos:

- INTRODUÇÃO AOS PARÂMETROS CURRICULARES NACIONAIS: Documento que não só define um perfil da educação brasileira, como também justifica e fundamenta as opções feitas para a elaboração dos documentos relativos às diferentes áreas e aos temas transversais.
- DOCUMENTOS DE ÁREAS: São seis documentos referentes às áreas de conhecimento, a saber: Língua Portuguesa, Matemática, Ciências Naturais, História e Geografia, Arte e Educação Física.
- DOCUMENTOS REFERENTES A CONVÍVIO SOCIAL E À ÉTICA: Constituem-se de três volumes referentes aos temas transversais. O primeiro volume apresenta esses temas e aborda o tema "ética"; o segundo discute os temas "pluralidade cultural" e "orientação sexual"; o terceiro, os temas "meio ambiente" e "saúde".

De acordo com os PCN (Brasil, 1997a, p. 15), "o processo de elaboração dos documentos iniciou [se] a partir do estudo de propostas curriculares de Estados e Municípios brasileiros, da análise realizada pela Fundação Carlos Chagas sobre os currículos oficiais e de informações das experiências de outros países".

Em 1998, o MEC propôs os PCN de 5ª a 8ª série, com a intenção de provocar debates a respeito da função da escola e reflexões sobre o que, quando, como e para que ensinar e aprender. Para tanto, apresentou os seguintes documentos:

- INTRODUÇÃO AOS PARÂMETROS CURRICULARES NACIONAIS – 5ª A 8ª SÉRIES: Documento que conceitua e fundamenta as propostas dos PCN, integrando-as às questões pertinentes à faixa etária dos alunos, entre 11 e 15 anos.
- DOCUMENTOS DE ÁREAS: São oito volumes que envolvem as diferentes áreas curriculares: Língua Portuguesa, Matemática, Ciências Naturais, História, Geografia, Arte, Educação Física e Língua Estrangeira. Para cada uma das áreas há um documento específico que parte de uma análise do ensino ou do tema, de sua importância na formação do aluno do ensino fundamental e, em função disso, apresenta uma proposta detalhada em objetivos, conteúdos, avaliação e orientações didáticas.
- DOCUMENTO SOBRE OS TEMAS TRANSVERSAIS: Volume que aponta também a importância de discutir, na escola e na sala de aula, questões da sociedade brasileira, as ligadas aos temas "ética", "pluralidade cultural", "meio ambiente", "saúde", "orientação sexual" e "trabalho e consumo".

Como podemos observar, os PCN são fruto de vários estudos e reflexões promovidos, ao longo de muitos anos, por educadores de todo o país, sobre o ensino e a aprendizagem, e os professores são os principais condutores no processo de transmissão dos conhecimentos, dos valores, das práticas, das tradições, dos ritos, dos mitos e de tudo o que permite uma convivência solidária e produtiva. Assim, a aplicação das sugestões propostas por esses documentos depende dos docentes, que devem adaptá-las de acordo com o seu meio escolar.

Ressaltamos que, com a aprovação da Lei nº 11.274, de 6 de fevereiro de 2006 (Brasil, 2006a), o ensino fundamental obrigatório foi alterado para NOVE anos de duração, com a inclusão das crianças de 6 anos de idade. Os municípios, os estados e o Distrito Federal tiveram prazo até 2010 para implementar essa nova disposição, de caráter obrigatório, para o ensino fundamental.

(3.2)
Os níveis escolares

A educação escolar, conforme o art. 21, incisos I e II, da LDBEN/1996, compõe-se de: "I – educação básica, formada pela educação infantil, ensino fundamental e ensino médio; II – educação superior".

Como podemos perceber, isso significa que um grande número de crianças e adolescentes encontra-se na etapa da educação básica do sistema educacional brasileiro, tendo em vista a amplitude da faixa etária que essa etapa educacional abrange.

No ensino fundamental, o aluno do 3º e 4º ciclos (5ª a 8ª série) tem, em média, entre 11 e 15 anos. São adolescentes, estão em busca de identidade própria e têm especial interesse em novas formas de pensar e interpretar seus problemas. Os adolescentes vivem conflitos: desejam libertar-se do adulto, mas ainda dependem dele. O grupo de amigos é um importante referencial para o jovem, determinando o vocabulário, as vestimentas e outros aspectos de seu comportamento. Também deseja "ser ouvido", por isso a escola se constitui em um espaço onde o aluno consegue opinar, defender seus pontos de vista, aprendendo a respeitar opiniões diferentes.

(3.3)
Objetivos do ensino fundamental

Os objetivos indicados para o ensino fundamental são apresentados em todos os documentos dos PCN. Vejamos esses objetivos gerais, transcritos a seguir, mencionados no documento intitulado *Introdução aos Parâmetros Curriculares Nacionais*, o qual determina que os alunos sejam capazes de:

- *compreender a cidadania como participação social e política, assim como exercício de direitos e deveres políticos, civis e sociais, adotando, no dia a dia, atitudes de solidariedade, cooperação e repúdio às injustiças, respeitando o outro e exigindo para si o mesmo respeito;*
- *posicionar-se de maneira crítica, responsável e construtiva nas diferentes situações sociais, utilizando o diálogo como forma de medir conflitos e de tomar decisões coletivas;*
- *conhecer características fundamentais do Brasil nas dimensões sociais, materiais e culturais como meio para construir progressivamente a noção de identidade nacional e pessoal e o sentimento de pertinência ao País;*

- *conhecer e valorizar a pluralidade do patrimônio sociocultural brasileiro, bem como aspectos socioculturais de outros povos e nações, posicionando-se contra qualquer discriminação baseada em diferenças culturais, de classe social, de crenças, de sexo, de etnia ou outras características individuais e sociais;*
- *perceber-se integrante, dependente e agente transformador do ambiente, identificando seus elementos e as interações entre eles, contribuindo ativamente para a melhoria do meio ambiente;*
- *desenvolver o conhecimento ajustado de si mesmo e o sentimento de confiança em suas capacidades afetiva, física, cognitiva, ética, estética, de inter-relação pessoal e de inserção social, para agir com perseverança na busca de conhecimento e no exercício da cidadania;*
- *conhecer e cuidar do próprio corpo, valorizando e adotando hábitos saudáveis como um dos aspectos básicos da qualidade de vida e agindo com responsabilidade em relação à sua saúde e à saúde coletiva;*
- *utilizar as diferentes linguagens – verbal [musical], matemática, gráfica, plástica e corporal – como meio para produzir, expressar e comunicar suas ideias, interpretar e usufruir das produções culturais, em contextos públicos e privados, atendendo a diferentes intenções e situações de comunicação;*

[...]

- *questionar a realidade formulando-se problemas e tratando de resolvê-los, utilizando para isso o pensamento lógico, a criatividade, a intuição, a capacidade de análise crítica, selecionando procedimentos e verificando sua adequação.*

(Brasil, 1997a)

Podemos perceber que os objetivos gerais do ensino fundamental estabelecem as capacidades que os educandos devem adquirir até o término da escolaridade obrigatória. Ao mesmo tempo, eles são amplos e abrangentes, uma vez que têm a finalidade não só de respeitar a diversidade social e cultural como também de permitir a inclusão das características locais.

(3.4)
Os PCN (de 5ª a 8ª série) para a área de Língua Portuguesa

Como vimos, as abordagens anteriores focalizam aspectos relevantes em relação ao ensino fundamental. Agora, vamos estudar os PCN para a área de Língua Portuguesa.

Os PCN para essa disciplina propõem que a escola organize o ensino de modo que o aluno possa desenvolver seus conhecimentos discursivos e linguísticos. A seguir, transcrevemos as competências e as habilidades indicadas no documento intitulado *Parâmetros Curriculares Nacionais: Terceiro e Quarto Ciclos*:

- *ler e escrever conforme seus propósitos e demandas sociais;*
- *expressar-se apropriadamente em situações de interação oral diferentes daquelas próprias de seu universo imediato;*
- *refletir sobre os fenômenos da linguagem, particularmente os que tocam à questão da variedade linguística, combatendo a estigmatização, discriminação e preconceitos relativos ao uso da língua.* (Brasil, 1998c, p. 59)

Desse modo, "as propostas didáticas de ensino de Língua Portuguesa devem organizar-se tomando o texto[b] (oral ou escrito) como unidade básica de trabalho, considerando a diversidade de textos que circulam socialmente" (Brasil, 1998c, p. 59).

O ensino de Língua Portuguesa

O ensino de Língua Portuguesa é, sem dúvida, uma constante preocupação para os professores que trabalham com a língua materna, pois

> *o ensino de Língua Portuguesa tem sido, desde os anos 70, o centro da discussão acerca da necessidade de melhorar a qualidade de ensino no país. O eixo dessa discussão no ensino fundamental centra-se, principalmente, no domínio da leitura e da escrita pelos alunos, responsável pelo fracasso escolar que se expressa com clareza nos dois funis em que se concentra a maior parte da repetência: na primeira série (ou nas duas primeiras) e na quinta série.* (Brasil, 1998d, p. 17)

Também, segundo o MEC, os índices de repetência são o resultado das dificuldades nas áreas da leitura e da escrita. Assim, a intenção é criar condições para que os alunos sejam capazes de ler, interpretar e produzir a língua, de modo a compreenderem e serem compreendidos.

Posto isso, o ensino da língua não pode estar limitado a um tipo de texto, é fundamental que os alunos tenham acesso aos diferentes gêneros textuais. "A noção de gênero

---

b. "Texto é o produto da atividade discursiva oral ou escrita que forma um todo significativo e acabado, qualquer que seja sua extensão. É uma sequência verbal constituída por um conjunto de relações que se estabelecem a partir da coesão e da coerência" (Brasil, 1997b, p. 23).

refere-se [...] a famílias de textos que compartilham características comuns" (Brasil, 1997b, p. 22). Crônica, conto, romance, carta, notícia, editorial, entrevista, charge, propaganda etc. são exemplos que podem ser coletados em diversas fontes, como livros, jornais, revistas, panfletos, folhetos, receitas, dicionários, entre outras.

Quanto à oralidade, a escola deve proporcionar momentos de debate nos quais os alunos possam manifestar suas opiniões e expressar seus pensamentos e sentimentos. Em razão disso, "cabe à escola ensinar o aluno a utilizar a linguagem oral no planejamento e realização de apresentações públicas: realização de entrevistas, debates, seminários, apresentações teatrais etc." (Brasil, 1998d, p. 25)

Na seleção dos conteúdos, devemos ter clareza de que a referência não pode ser a gramática tradicional (gramática normativa), pois o ensino deve partir das necessidades apresentadas pelos alunos nas atividades de produção, leitura e escuta[c] de textos. Além disso, "os conteúdos de Língua Portuguesa articulam-se em torno de dois eixos básicos: o uso da língua oral e escrita e a reflexão sobre a língua e a linguagem [...], [isso equivale a dizer que] tanto o ponto de partida como a finalidade do ensino da língua é a produção/recepção de discursos"[d] (Brasil, 1998d, p. 34).

Falar, ler e escrever são, em última análise, as habilidades essenciais aos educandos, e o domínio delas não se restringe apenas à área de Língua Portuguesa, porque todo professor depende da língua para desenvolver os aspectos conceituais de sua disciplina. O domínio da

---

c. Na perspectiva dos PCN, "a escuta refere-se aos movimentos realizados pelo sujeito para compreender e interpretar textos orais" (Brasil, 1998d, p. 35).

d. *Discurso*, aqui, é entendido como "texto em uso".

língua possibilita o acesso à informação, à manifestação do pensamento, ideias e intenções, à produção do conhecimento, à comunicação com o mundo. É falando, lendo e escrevendo que o aluno rompe com a alienação e passa a participar da sociedade, exercendo o direito de cidadania.

Contribuições da linguística

Pela visão da linguística, a língua portuguesa, como qualquer língua, tem o "certo" e o "errado" somente em relação à sua estrutura, isto é, só se pode qualificar como "erro" aquilo que comprometa a comunicação entre os interlocutores. Com relação a seu uso pelas comunidades falantes, não existe o "certo" e o "erro" linguístico, mas o diferente, como mencionado em Cagliari (1997, p. 35) e Bagno (2004, p. 25-26).

Comparemos, então, as duas frases a seguir:

O Rio Grande do Sul é um estado que ele precisa resolver seus problemas econômicos e sociais.
O Rio Grande do Sul é que ele precisa resolver um estado econômicos e sociais seus problemas.

Pela gramática tradicional, os dois exemplos estão "errados". Entretanto, a construção empregada no primeiro exemplo tem uma explicação linguística, já que o falante do português do Brasil "reclassificou" a palavra *que*, analisada não mais como um pronome relativo, mas como uma conjunção. O segundo exemplo, pela ótica da linguística, está "inadequado", pois construções desse tipo praticamente nunca ocorrem na fala de um brasileiro, visto que não correspondem à estrutura sintática da língua portuguesa.

Nessa perspectiva, os PCN mostram que, no lugar de manter uma atitude "corretiva", o professor deve usar a linguagem do aluno como exemplo para mostrar a diferença, e não o "erro".

Além disso, existem as variações linguísticas, isto é, não existe um único jeito de falar o português (o mais próximo da modalidade escrita, da norma gramatical), mas diversos falares da nossa língua, que dependem, sobretudo, "de fatores geográficos, socioeconômicos, de faixa etária, de gênero (sexo), da relação estabelecida entre os falantes e do contexto de fala" (Brasil, 1998d, p. 29).

Tendo em vista os diferentes padrões de fala e escrita, os PCN sugerem que o professor deve permitir aos alunos aplicar os conhecimentos relativos à variação linguística e saber a diferença entre a língua oral e a escrita. Leia um trecho do documento específico para o ensino de Língua Portuguesa:

> *No ensino-aprendizagem de diferentes padrões de fala e escrita, o que se almeja não é levar os alunos a falar certo, mas permitir-lhes a escolha da forma de fala a utilizar, considerando as características e condições do contexto de produção, ou seja, é saber adequar os recursos expressivos, a variedade de língua e o estilo às diferentes situações comunicativas: saber coordenar satisfatoriamente o que fala ou escreve e como fazê-lo; saber que modo de expressão é pertinente em função de sua intenção enunciativa – dado o contexto e os interlocutores a quem o texto se dirige. A questão não é de erro, mas de adequação às circunstâncias de uso, de utilização adequada da linguagem.* (Brasil, 1998d, p. 31)

Em síntese, os PCN, seguindo teorias linguísticas, propõem novas abordagens e metodologias aos professores de Língua Portuguesa, procurando levar em conta a realidade e os interesses dos alunos, além de:

- trabalhar com base em textos e não em frases soltas;

- nos estudos gramaticais, sempre relacionar os tópicos tematizados a situações de uso da linguagem;
- orientar o aluno a saber adequar os recursos expressivos, a variedade linguística e o estilo às diferentes situações de uso da linguagem.

Podemos verificar, então, que o caminho escolhido pelas orientações dirigidas aos professores para as práticas de ensino e de aprendizagem da Língua Portuguesa como língua materna dá ênfase aos estudos no âmbito da linguística e da linguística aplicada.

Sugestões de atividades

Agora que você já conhece as principais considerações apresentadas nos PCN de 5ª a 8ª série para a área de Língua Portuguesa, vejamos algumas sugestões de atividades que podem ser realizadas em sala de aula:

- ensinar conteúdos gramaticais com base em textos em uso (como frases ou histórias contadas pelos alunos, privilegiando as experiências pessoais);
- escolher textos de expressão oral (como "causos" populares, textos teatrais, músicas);
- discutir com os alunos temas polêmicos (veiculados na imprensa ou vivenciados pelos estudantes);
- debater sobre importantes questões (Mata Atlântica, violência, Aids, por exemplo);
- sugerir que os alunos entrevistem um especialista em algum assunto que esteja sendo debatido em classe;
- trabalhar em diferentes gêneros textuais (como contos, fábulas, crônicas, poemas, folhetos, charges, cartas, manuais de instrução, notícias, entre outros) e tipologias (tipos narrativo, descritivo, argumentativo, informativo e injuntivo);

- solicitar produções textuais, individuais ou coletivas, com base em leituras, discussões ou filmes;
- organizar trabalhos sobre temas transversais;
- solicitar aos alunos, com o auxílio do professor, a participação em pesquisas de campo, com o objetivo de complementar aspectos teóricos trabalhados em sala de aula;
- organizar sessões de leitura de obras literárias, estimulando o prazer de ler;
- valorizar a leitura de revistas e jornais;
- elaborar e executar projetos com os alunos, divulgando-os na escola ou fora dela;
- utilizar a tecnologia da informação disponível (como computador, CD-ROM, rádio, televisão, vídeo, *datashow* etc.).

É importante ressaltar que, além dessas, outras atividades podem ser executadas, tendo sempre a participação dos alunos na escolha dos temas e das próprias atividades. Observe também que as sugestões de atividades práticas aqui oferecidas devem ser entendidas no âmbito da concepção de linguagem como interação.

Além disso, não podemos esquecer que o professor, em todas as séries do ensino fundamental, precisa adotar práticas pedagógicas que desenvolvam no aluno as habilidades linguísticas, as quais, de um lado, estão organizadas na prática de escuta e leitura de textos e produção de textos orais e escritos em situações de uso e, de outro, na prática de análise linguística, como encontramos em Geraldi (2006, p. 59-79).

Proposta de atividade

Com o objetivo de ilustrar o que foi dito até agora, vejamos um exemplo de proposta de atividade como possibilidade de "transversalizar" o tema "ética e cidadania" na disciplina de Língua Portuguesa.

Tributo aos heróis

Paulo Sant'Ana
(Cronista gaúcho, colunista de jornal e comentarista de rádio e TV)
Não sei se cabe ao governo ou à sociedade gaúcha homenagear os três heróis da barragem de Erechim onde afundou o ônibus escolar em que morreram 17 crianças. Talvez fosse imprescindível tributar a eles um preito inesquecível de agradecimento.

É que o menino Lucas Vezzaro, com 14 anos, o adolescente Mateus Capra, com 17 anos, e o operador de máquinas Valdecir Antônio dos Santos, com 36 anos, escreveram durante a tragédia um dos mais belos capítulos de solidariedade humana e heroísmo que o nosso Estado já testemunhou em todos os tempos.

O operador Valdecir, tão pronto o ônibus se precipitou para a barragem, atirou-se nas águas e saiu a salvar, com a ajuda de outras pessoas, cinco crianças que estavam no ônibus ou se debatiam fora dele sem saber nadar.

O adolescente Mateus estava no ônibus entre os outros alunos. Conseguiu safar-se por uma janela, nadou até a margem, mas lá percebeu que as outras crianças lutavam para sair do veículo submerso. Tirou a roupa depressa, desvencilhou-se do aparelho dentário móvel e mergulhou novamente na água, indo até o ônibus e resgatando de dentro e fora dele quatro colegas que não sabiam nadar.

E o exemplo do garoto Lucas, de apenas 14 anos, é o que cala mais profundo em todas as consciências. Porque, antes de perder a vida, salvou duas meninas, uma de cada vez; elas tiveram calma e foram trazidas por ele para a margem.

Atirou-se novamente para salvar uma terceira menina, por ironia do destino a que ele amava, e pretendia no sonho infantil casar-se com ela quando se tornasse adulto.

Não voltou o bravo menino Lucas, morreu, talvez extenuado pelos dois outros salvamentos que praticara, talvez abraçado à menina Adriane, que ele amava, na clássica situação da afogada que está sendo salva, desesperada, impedindo os movimentos de seu salvador. Morreram os dois na água gelada da barragem.

Que força estranha e mágica – e sublime – arremessou esses dois meninos para a extrema coragem e renúncia de seu exemplar gesto? Onde foram buscar essa bravura e tamanha dignidade? Que sopro divino no coração do menino Lucas elevou-o primeiro ao heroísmo e logo em seguida ao martírio? Um menino de apenas 14 anos com a integridade de caráter e emocional de um homem maduro, formado e íntegro! Que estupenda noção de dever! Que apurado senso de responsabilidade solidária! Que amor ao próximo! Que dádiva de coração! Que exemplo!

Quantas crianças, quantos meninos e meninas deste Brasil que depende de seus filhos têm o mesmo valor, a mesma fibra desses dois meninos e aguardam apenas a oportunidade para demonstrá-lo e elevar seu país ao plano ideal de seu destino?

Só agora, com o exemplo magistral do operador Valdecir, dos garotos Lucas e Mateus, gaúchos que honram o seu pago e a sua pátria, é que fui compreender a legitimidade do verso principal do Hino Rio-Grandense que me parecia antes jactancioso: "Sirvam nossas façanhas de modelo a toda terra."

Fonte: Sant'Ana, 2004, p. 55.

Observe que a crônica de Paulo Sant'Ana traduz situações reais ocorridas em um acidente de trânsito e como as atitudes dos personagens podem abrir discussões sobre ética e cidadania.

Com base na leitura desse texto, o professor pode levantar questões para debate, como as apresentadas a seguir, ou propor outras atividades:

- Comentar sobre o fato que deu início à crônica.
- Identificar os personagens principais e o papel que desempenham no texto.
- Relatar a atitude das pessoas em geral diante de um acidente de trânsito.
- Posicionar-se em relação à atitude dos personagens na situação narrada pelo escritor.
- Relatar cenas semelhantes à do texto que foram presenciadas pelo aluno ou registradas pela mídia.
- Representar cenas do texto utilizando diversas linguagens: desenho, dramatização, história em quadrinhos etc.
- Refletir sobre a sua postura em face de um acontecimento semelhante.
- Resumir o texto, destacando as atitudes de cidadania dos personagens.
- Pesquisar sobre atitudes éticas e de cidadania.
- Transcrever todo o Hino Rio-Grandense e identificar os versos em que está presente alguma menção ao tema "ética".

Como podemos observar, o trabalho linguístico-pedagógico é um conjunto de experiências ricas em dinâmicas que visam ao desenvolvimento afetivo, físico, cognitivo, ético, estético, de inter-relação pessoal e de inserção social, previsto nos PCN.

Objetivamente, portanto, os PCN foram elaborados com o propósito de apontar metas de qualidade aos docentes, constituindo-se em um instrumento de apoio nas discussões pedagógicas nas escolas, na elaboração de projetos educativos, no planejamento das aulas, na reflexão sobre a prática educativa e na análise do material didático.

Atividades

1. Com base no que acabamos de estudar, assinale a afirmativa correta:
   a. Os PCN constituem documentos elaborados pelo MEC com o propósito de orientar e fiscalizar a prática pedagógica dos professores.
   b. A orientação proposta nos PCN reconhece a importância da participação construtiva do aluno e desconsidera a intervenção do professor para a aprendizagem de conteúdos.
   c. Pode-se dizer que os documentos que regem a educação no Brasil são, em ordem de abrangência, os seguintes: Constituição Federal do Brasil, LDBEN e PCN.
   d. Os PCN têm a função de elaborar ou revisar os currículos dos estados e dos municípios.

2. Assinale a alternativa correta que completa o seguinte enunciado:
   A prática escolar distingue-se de outras práticas educativas, como as que acontecem na família, no trabalho, na mídia, no lazer e nas demais formas de convívio social, por constituir-se...
   a. em uma ação intencional, sistemática, planejada e continuada para crianças e jovens durante um período contínuo e extenso de tempo.

b. em uma atividade que possibilita o convívio dos alunos.

c. em um centro de estudos cooperativo de construção coletiva e permanente.

d. em um espaço de formação e informação que também propicia lazer.

3. Assinale a alternativa correta no que se refere aos documentos dos PCN do ensino fundamental:
   a. Os temas transversais são abordados somente nos documentos de 5ª a 8ª série.
   b. Os documentos de áreas são referentes às quatro primeiras séries.
   c. O MEC lançou, primeiramente, os PCN de 1ª a 4ª série; depois, os PCN de 5ª a 8ª série.
   d. Os PCN são fruto de vários estudos realizados pelos técnicos do MEC.

4. Quanto ao ensino de Língua Portuguesa, assinale a alternativa em que é possível perceber que os PCN seguem o modelo da linguística, que pode ser traduzido pela seguinte habilidade:
   a. expressar-se em língua padrão.
   b. conhecer e respeitar as variedades linguísticas do português falado.
   c. saber a gramática normativa.
   d. ser capaz de identificar as classes gramaticais em textos escritos.

5. Levando em consideração que a formação de leitores ocorre de 5ª a 8ª série, apesar de essa tarefa não ser fácil, e sendo o objetivo do trabalho com textos nessas séries criar

o hábito de ler, assinale a alternativa que aponta a melhor forma de incentivar o gosto pela leitura:

a. A escola deve dispor de uma biblioteca que empresta livros aos alunos para leitura em casa, com o objetivo de avaliação do professor.
b. O professor deve solicitar somente a leitura de bons livros.
c. A tarefa do aluno é conhecer a biblioteca.
d. O professor deve permitir que o aluno também selecione sua leitura.

(4)

Estudo dos Parâmetros Curriculares
Nacionais (PCN): ensino médio

Cléa Silvia Krás

Estudamos, no capítulo anterior, os PCN para o ensino fundamental. Agora, iremos conhecer os Parâmetros Curriculares Nacionais para o Ensino Médio (PCNEM), que consolidam e aprofundam os conhecimentos adquiridos no ensino fundamental.

Como vimos, os PCN, tanto para o ensino fundamental como para o ensino médio, são documentos que servem de estímulo e apoio aos professores de todo o país, refletindo sobre a prática pedagógica do professor, o planejamento de suas aulas e o desenvolvimento do currículo da escola.

Os PCNEM foram lançados, pelo Ministério da Educação (MEC), em 1999. Eles surgiram pelo desafio estabelecido pela Lei de Diretrizes e Bases da Educação Nacional – LDBEN (Lei nº 9.394, de 20 de dezembro de 1996 – Brasil, 1996), uma vez que essa lei atende às exigências encontradas na Constituição Federal do Brasil de 1988 (Brasil, 1988).

O texto constitucional brasileiro prenuncia a concepção de que o ensino médio integra a educação básica[a], presente no inciso II do art. 208, que garante como dever do Estado "a progressiva extensão da obrigatoriedade e gratuidade ao ensino médio". A Constituição assegura, portanto, a oferta do ensino médio pelo Estado.

Assim, a reformulação do ensino médio no Brasil, estabelecida pela LDBEN/1996, regulamentada pelas Diretrizes Curriculares Nacionais para o Ensino Médio (DCNEM), Parecer CNE/CEB nº 15, de 1º de junho de 1998 (Brasil, 1998a), e pelos PCNEM, atendeu aos anseios da sociedade brasileira, especialmente de especialistas e educadores, expandindo e melhorando a qualidade do ensino brasileiro.

(4.1)
Reformulação do ensino médio e as áreas do conhecimento

A LDBEN/1996, no art. 35, instituiu o ensino médio como "etapa final da educação básica, com duração mínima de três anos". Essa etapa de estudo deve desenvolver capacidades que possibilitem ao estudante:

---

a. Como vimos no capítulo anterior, a educação básica é formada pela educação infantil, pelo ensino fundamental e pelo ensino médio, conforme LDBEN/1996, art. 21, inciso I.

(i) aprofundar os conhecimentos adquiridos no ensino fundamental e avançar em níveis mais complexos de estudos;

(ii) integrar-se ao mundo do trabalho, com condições para prosseguir, com autonomia, no caminho de seu aprimoramento profissional;

(iii) atuar, de forma ética e responsável, na sociedade, tendo em vista as diferentes dimensões da prática social. (Brasil, 2008, p. 17-18)

Como podemos perceber, o ensino médio deve garantir ao educando a preparação para o prosseguimento dos estudos, para a inserção no mercado de trabalho e para o exercício da cidadania. É uma nova concepção curricular para esse nível de ensino, uma vez que "deve expressar a contemporaneidade e, considerando a rapidez com que ocorrem as mudanças na área do conhecimento e da produção, ter [...] [uma visão] prospectiva" (Brasil, 2000a, p. 12), isto é, ter uma visão de futuro.

Convém que lembremos que esse nível de ensino, no Brasil, atende à população de 15 a 17 anos, concentrando-se nas redes públicas estaduais e no período noturno. Desse modo, os estudantes do ensino médio estão em busca de novas informações e têm especial interesse em conhecimentos teóricos e práticos que contribuam no processo de reflexão de suas escolhas profissionais.

O novo ensino médio, nos termos da LDBEN/1996, de sua regulamentação e encaminhamento pelos PCNEM, deixa de ser apenas preparatório para o ensino superior ou estritamente profissionalizante, para assumir a responsabilidade de completar a educação básica. "Isso significa preparar para a vida, qualificar para a cidadania e capacitar para o aprendizado permanente, seja no eventual prosseguimento dos estudos, seja no mundo do trabalho" (Brasil, 2000a, p. 8).

Os PCNEM (Brasil, 2000a, p. 5) preconizam a formação integral do aluno, tendo como alvo principal

> *a aquisição de conhecimentos básicos, a preparação científica e a capacidade de utilizar as diferentes tecnologias relativas às áreas de atuação. [É proposta, no nível médio,] a formação geral [do aluno], em oposição à formação específica; o desenvolvimento de capacidades de pesquisar, buscar informações, analisá-las e selecioná-las; a capacidade de aprender, criar, formular, ao invés do simples exercício de memorização.*

Nesse sentido, os PCNEM norteiam a reorganização curricular do ensino médio, estabelecendo a divisão em áreas de conhecimento, a saber: Linguagens, Códigos e suas Tecnologias, Ciências da Natureza, Matemática e suas Tecnologias e Ciências Humanas e suas Tecnologias. Têm como base a reunião daqueles conhecimentos que compartilham objetos de estudo, isto é, que mais facilitam o desenvolvimento dos conteúdos, criando condições para que a prática escolar se desenvolva numa perspectiva de interdisciplinaridade e contextualização.

Cabe salientar que cada área do conhecimento é apresentada em um volume específico, contendo "a fundamentação teórica de cada área, orientações quanto à seleção de conteúdos e métodos a serem desenvolvidos em cada disciplina potencial e as competências e habilidades que os alunos deverão ter construído ao longo da Educação Básica" (Brasil, 2000a, p. 23). A seguir, apresentamos os conhecimentos correspondentes a cada uma das três áreas, que organizam e interligam disciplinas, mas não as diluem nem as eliminam, conforme o documento intitulado *Orientações Curriculares para o Ensino Médio* (volumes 1, 2 e 3), publicado em 2008 (Brasil, 2008):

   i. Linguagens, Códigos e suas Tecnologias: Constituindo os conhecimentos de Língua Portuguesa, Literatura, Línguas Estrangeiras, Espanhol, Arte e Educação Física.

II. Ciências da Natureza, Matemática e suas Tecnologias: Abrangendo os conhecimentos de Biologia, Física, Matemática e Química.

III. Ciências Humanas e suas Tecnologias: Versando sobre os conhecimentos de Filosofia, Geografia, História e Sociologia.

A proposta curricular fundamental do ensino médio é a INTERDISCIPLINARIDADE, isto é, a integração dos diferentes conhecimentos, estabelecendo "interconexões e passagens entre os conhecimentos através de relações de complementaridade, convergência ou divergência" (Brasil, 2000a, p. 21), e a CONTEXTUALIZAÇÃO, ou seja, a veiculação dos conhecimentos ao mundo do trabalho e à prática social. Isso significa que a proposta "não tem a pretensão de criar novas disciplinas ou saberes, mas de utilizar os conhecimentos de várias disciplinas para resolver um problema concreto ou compreender um determinado fenômeno sob diferentes pontos de vista" (Brasil, 2000a, p. 21) na práxis.

Vamos examinar, a seguir, alguns exemplos que ilustram as possibilidades de abordagem interdisciplinar e contextual dos conteúdos em diferentes disciplinas e/ou áreas.

1. Uma aula da disciplina de Língua Portuguesa, que integra a área de Linguagens, Códigos e suas Tecnologias, ao tratar das TIPOLOGIAS TEXTUAIS (tipos narrativo, descritivo, argumentativo, informativo e injuntivo), pode fazer uso de textos históricos. Na realidade, textos da disciplina de História são essencialmente narrativos, pois apresentam progressão temporal, agentes e sujeitos históricos e fatos interligados. Há, geralmente, elementos descritivos, como, por exemplo, características físicas e psicológicas dos personagens, e dissertativos, que compreendem a opinião e a interpretação (componentes nem sempre explícitos) do autor sobre os fatos.

2. Da mesma forma, ao tratar dos PERÍODOS LITERÁRIOS em uma aula de Literatura, o professor pode trazer à discussão os fatos históricos, geográficos e sociológicos de cada período que se constituem em contextos da área das Ciências Humanas e suas Tecnologias.
3. Um professor de Matemática, disciplina da área de Ciências da Natureza, Matemática e suas Tecnologias, ao trabalhar o conteúdo FORMAS GEOMÉTRICAS (como cubo, esfera, cilindro, pirâmide e círculo), pode levar seus alunos ao Laboratório de Informática. O objetivo é fazer com que cada aluno desenvolva as formas geométricas trabalhadas em sala de aula no computador. Os estudantes desenvolvem seus desenhos de maneira livre, colorindo-os, desenvolvendo o gosto estético, pertinente à disciplina de Arte, e, ao mesmo tempo, conhecendo e utilizando a informática.
4. Por meio de um trabalho compartilhado, as disciplinas de Biologia, História e Geografia podem desenvolver o estudo teórico e a pesquisa de campo sobre as baleias-francas, investigando, por exemplo, dados como: seu nome científico, medida, peso, em que lugares são encontradas e fatos históricos a elas relacionados. O estudo pode se aprofundar ainda mais, levando em conta as conotações nas distintas disciplinas, mas um estudo unificado em uma abordagem interdisciplinar enriqueceria a compreensão de cada uma das disciplinas.
5. Como último exemplo, na disciplina de Biologia, ao se tratar da RELAÇÃO ENTRE SERES VIVOS, como a relação intraespecífica das abelhas (*Apis mellifera*), que apresentam três castas – as operárias, a rainha e os zangões –, podem ser estudados aspectos das disciplinas de Geografia, como o sistema de organização social e o censo demográfico, e de Matemática, como a geometria

dos alvéolos das abelhas, que são hexagonais (possuem seis lados).

Como podemos notar, a interdisciplinaridade e a contextualização são fundamentais para ampliar o desenvolvimento de competências mais gerais, considerando-se as inúmeras possibilidades de interação entre as disciplinas e entre as áreas nas quais as disciplinas venham a ser agrupadas. Ressaltamos, ainda, que esses dois fatores são condições básicas para uma formação flexível e adequada para o exercício profissional, especialmente nos dias de hoje.

(4.2)
Proposta curricular para o ensino médio

Como diretrizes gerais e orientadoras da proposta curricular, os PCNEM apresentam os quatro saberes sugeridos pela Unesco (Organização das Nações Unidas para a Educação, a Ciência e a Cultura, 2003), que funcionam como pilares da educação na sociedade contemporânea:

- APRENDER A CONHECER: Contempla a importância da educação geral, com possibilidade de aprofundamento em determinada área do conhecimento.
- APRENDER A FAZER: Privilegia a aplicação da teoria na prática.
- APRENDER A VIVER: Trata de aprender a conviver com os outros, em comunidade, exercendo a cidadania consciente.
- APRENDER A SER: Pressupõe o compromisso da educação com o desenvolvimento total do educando.

Devemos observar que esses princípios são aprendizagens norteadoras do currículo escolar do ensino médio, devendo constituir-se em eixos básicos na escolha de competências e habilidades, conteúdos, estratégias e processos avaliativos significativos para o ensino e a aprendizagem.

Nessa perspectiva, pelas diretrizes dos PCNEM (Brasil, 2000a, p. 10), o ensino médio tem as seguintes finalidades:

- *a formação da pessoa, de maneira a desenvolver valores e competências necessárias à integração de seu projeto individual ao projeto da sociedade em que se situa;*
- *o aprimoramento do educando como pessoa humana, incluindo a formação ética e o desenvolvimento da autonomia intelectual e do pensamento crítico;*
- *a preparação e orientação básica para a sua integração ao mundo do trabalho, com as competências que garantam seu aprimoramento profissional e permitam acompanhar as mudanças que caracterizam a produção no nosso tempo;*
- *o desenvolvimento das competências para continuar aprendendo, de forma autônoma e crítica, em níveis mais complexos de estudo.*

Em suma, como vimos, tanto os saberes quanto as finalidades propostas ultrapassam a simples aquisição do conhecimento, uma vez que envolvem a formação geral e social do educando. Se o mercado de trabalho está se tornando cada vez mais competitivo, se a forma como a sociedade vê alguns temas vem se transformando, o professor deve trazer esse mundo novo às suas aulas.

Na sequência, vamos estudar as diretrizes dos PCNEM para a disciplina de Língua Portuguesa, as quais devem ser conhecidas, em especial, pelos acadêmicos e profissionais da área de Letras.

(4.3)
A Língua Portuguesa no ensino médio

Os objetivos da educação básica, no art. 22 da LDBEN/1996, já apontam as finalidades da disciplina de Língua Portuguesa, ou seja, "desenvolver o educando, assegurar-lhe a formação indispensável para o exercício da cidadania e fornecer-lhe meios para progredir no trabalho e em estudos posteriores". Isso posto, a questão da cidadania e do trabalho pressupõe o uso social da língua, vista como conhecimento de mundo e produção social. Dessa forma, o caráter da Língua Portuguesa deve ser basicamente comunicativo, haja vista que o processo de desenvolvimento do educando está relacionado ao seu processo de socialização.

Lembremos que

> *as ações realizadas na disciplina de Língua Portuguesa, no contexto do ensino médio, devem propiciar ao aluno o refinamento de habilidades de escrita, de fala e de escuta. Isso implica tanto a ampliação contínua de saberes relativos à configuração, ao funcionamento e à circulação dos textos quanto ao desenvolvimento da capacidade de reflexão sistemática sobre a língua e a linguagem.* (Brasil, 2006a, p. 18)

Uma discussão sobre o papel da disciplina de Língua Portuguesa no contexto do ensino médio deve envolver, necessariamente, uma reflexão sobre a aprendizagem para a aquisição e o desenvolvimento de competências e habilidades. Além disso, é imprescindível o entendimento das abordagens linguísticas que orientam o ensino atual de qualquer língua. É sobre esses aspectos que iremos tratar a seguir.

Competências e habilidades a serem desenvolvidas em Língua Portuguesa

As competências indicadas no processo de ensino e aprendizagem para a disciplina de Língua Portuguesa pelos PCNEM correspondem a uma visão da disciplina dentro da área. Desse modo, considerando-se a história de interações e de letramento[b] do aluno, ao final do ensino médio, ele deve ser capaz de:

- *Considerar a Língua Portuguesa como fonte de legitimação de acordos e condutas sociais e como representação simbólica de experiências humanas manifestas na forma de sentir, pensar e agir na vida social. [...]*
- *Analisar os recursos expressivos da linguagem verbal, relacionando textos/contextos, mediante a natureza, função, organização, estrutura, de acordo com as condições de produção/recepção (intenção, época, local, interlocutores participantes da criação e propagação de ideias e escolhas). [...]*
- *Confrontar opiniões e pontos de vista sobre as diferentes manifestações da linguagem verbal. [...]*
- *Compreender e usar a Língua Portuguesa como língua materna, geradora de significação e integradora da organização do mundo e da própria identidade.* (Brasil, 2000b, p. 20-22)

Como vimos, o ponto de vista defendido é o de que o aluno deve ser preparado para conviver com situações de produção e leitura de diferentes textos, a fim de construir habilidades e conhecimentos que o capacitem a refletir

---

b. *Letramento,* segundo Magda Soares (1996, p. 19), "é o resultado da ação de ensinar ou de aprender a ler e escrever: o estado ou a condição que adquire um grupo social ou um indivíduo como consequência de ter-se apropriado da escrita".

sobre os usos da língua e a analisar os elementos formais e o funcionamento sociopragmático dos textos.

Abordagens da linguística

As ideias apresentadas pelos PCNEM e pelas orientações posteriores expedidas pelo MEC para a disciplina de Língua Portuguesa, que integra a área de Linguagens, Códigos e suas Tecnologias, dão ênfase aos estudos da linguística, discutindo as contribuições que esse domínio científico traz, especialmente nos últimos anos, para as práticas de ensino e aprendizagem da Língua Portuguesa como língua materna.

Nessa perspectiva, o processo de ensino e aprendizagem da Língua Portuguesa, no ensino médio, deve refletir sobre a linguagem verbal (uso da língua oral e escrita), uma vez que ela é uma atividade de interação, isto é, de intercâmbio verbal com outrem, e, por isso, é o principal instrumento de trabalho do professor de língua materna.

Deve ficar claro para nós que a unidade básica da linguagem verbal é o texto. Portanto, o estudo da língua deve centrar-se no texto, na sua compreensão e no seu funcionamento, já que nos comunicamos por meio de textos. Travaglia (1997, p. 19) assim concebe o texto:

> *espaço intersubjetivo, resultado da interação entre sujeitos da linguagem que atuam em uma situação de comunicação para atingir determinados objetivos, ou seja, para a consecução de uma intenção mediante o estabelecimento de efeitos de sentido pela mobilização de recursos linguísticos.*[c]

Partindo dessa consideração, a aprendizagem da gramática, com base na linguística textual e na linguística

---

c. Já vimos outros conceitos de *texto* nos capítulos 2 e 3.

aplicada, deve concentrar-se no texto como unidade de trabalho, como mencionam os PCNEM (Brasil, 2000b, p. 18): "o estudo da gramática passa a ser uma estratégia para compreensão/interpretação/produção de textos e a literatura integra-se à área de leitura".

Segundo o princípio da variação linguística, abordagem da sociolinguística, todas as línguas variam no espaço e mudam ao longo do tempo. Além disso, há os diferentes falares, especialmente no Brasil, pela sua extensão geográfica, pelas diferenças regionais, pela diversidade de colonização e, sobretudo, pelas acentuadas diferenças socioeconômicas. Devido a isso, o processo de ensino e aprendizagem de uma língua, nos diferentes estágios de escolarização, não pode furtar-se a considerar tais fenômenos, devendo levar à sala de aula textos que circulam na sociedade, e não apenas os literários.

Assim postulam os PCNEM (Brasil, 2000b, p. 18) para o estudo da Língua Portuguesa: "O caráter sociointeracionista da linguagem verbal aponta para uma opção metodológica de verificação do saber linguístico do aluno, como ponto de partida para a decisão daquilo que será desenvolvido, tendo como referência o valor da linguagem nas diferentes esferas sociais".

Dessa forma, podemos falar em adequação da linguagem a situações de uso. Entender os usos da língua significa também perceber os recursos por meio dos quais se constrói um texto num dado contexto. É com base na linguística textual que os estudos sobre os mecanismos de coesão textual, os elementos que concorrem para a coerência textual e o reconhecimento da intertextualidade devem ser explorados pelo professor de língua.

Na discussão sobre as atividades de produção e recepção de textos, a abordagem interacionista, conforme vimos no Capítulo 2, sobressai nas novas orientações dadas pelo MEC (Brasil, 2008, p. 23-24):

> *Uma abordagem a ser destacada é aquela proposta pelo interacionismo. A despeito das especificidades envolvidas na produção, na recepção e na circulação de diferentes textos, bem como dos eventuais conflitos e mal-entendidos entre os interlocutores, tais estudos defendem que todo e qualquer texto se constrói na interação. Isso porque assumem alguns princípios comuns no que toca ao modo de conceber a relação entre homem e linguagem, homem e homem, homem e mundo. Sem procurar esgotar tais princípios, pode-se dizer que o mais geral deles é o de que é pela linguagem que o homem se constitui sujeito. [...] Assume-se, portanto, o pressuposto de que as relações entre mundo e linguagem são convencionais, nascem das demandas das sociedades e de seus grupos sociais, e das transformações pelas quais passam em razão de novos usos [...].*

Atualmente, os estudos sobre produção e/ou recepção, conforme as Orientações Curriculares para o Ensino Médio (Brasil, 2008, p. 21-22), são compreendidos nas seguintes dimensões:

> *(a) LINGUÍSTICA, vinculada aos recursos linguísticos em uso (fonológicos, morfológicos, sintáticos e lexicais);*
>
> *(b) TEXTUAL, ligada à configuração do texto, em gêneros discursivos ou em sequências textuais (narrativa, argumentativa, descritiva, injuntiva, dialogal);*
>
> *(c) SOCIOPRAGMÁTICA E DISCURSIVA, relacionada aos interlocutores; a seus papéis sociais; às suas motivações e a seus propósitos na interação; às restrições da situação (no âmbito da interação: privado ou público), modalidade usada (falada ou escrita), tecnologia implicada etc.; ao momento social ou histórico em que*

se encontram engajados não só os interlocutores como também outros sujeitos, grupos ou comunidades que eventualmente estejam afeitos à situação em que emerge o texto;

(D) COGNITIVO-CONCEITUAL: *associada aos conhecimentos sobre o mundo – objetos, seres, fatos, fenômenos, acontecimentos etc. – que envolvem os conceitos e suas inter-relações.*

Vejamos, então, um exemplo que ilustra o que acabamos de ver.

Gramática ou Língua Portuguesa?

O domínio da linguagem escrita se assemelha ao aprendizado da natação. Aprende-se a nadar dentro da água. <u>Do mesmo modo</u>, só se escreve "<u>mergulhando</u>" no texto, <u>lendo, conversando</u> e, acima de tudo, <u>praticando</u>. Tomam-se muitos "goles" de erros, surgem dificuldades, <u>mas</u> acaba-se conquistando essa capacidade tão rara nos dias de hoje. <u>Após</u> o domínio da escrita, sim, o estudo da gramática se torna interessante, um verdadeiro jogo, <u>à medida que</u> o fato linguístico se encontra com a lógica da norma gramatical.

FONTE: LEDUR, CITADO POR CUNHA ET AL., 2000, P. 69.

A compreensão do texto de Paulo Flávio Ledur envolve a mobilização de diferentes conhecimentos. Com relação aos conhecimentos linguísticos, destacam-se os articuladores que contribuem para a boa coesão textual, sendo que cada articulador possui um sentido próprio, estabelecendo relação semântica específica: *do mesmo modo* (comparação); os verbos no gerúndio: *mergulhando* com *lendo, conversando, praticando* (comparação); *mas* (oposição); *após* (temporalidade – posterior); *à medida que* (temporalidade – proporcional).

No que se refere aos conhecimentos textuais, podemos observar: a) a ideia básica do texto: "primeiro o domínio da linguagem escrita e, depois, o estudo da gramática"; b) o gênero: texto jornalístico – comentário; c) a tipologia textual: informativo/argumentativo; e d) a intenção do autor com o enunciado: "transmitir a ideia básica do texto por meio da comparação com a aprendizagem da natação".

Quanto aos conhecimentos sociopragmáticos, podemos perceber que se trata de um texto publicitário, veiculado em jornal, cujos interlocutores são os leitores. Seu objetivo sociocomunicativo é o de levar o leitor a ter o entendimento de que o domínio da escrita se realiza após a prática sistemática da leitura e da escrita, que deve preceder o estudo da gramática. Para levar a cabo esse propósito, o autor utiliza o recurso da comparação: compara a "aprendizagem da natação" com a "aprendizagem da escrita".

Outro ponto a ser destacado na análise do texto é o conhecimento de mundo (conhecimentos cognitivo-conceituais), que precede a leitura do texto escrito. Conhecimento de mundo é o "arquivo" que temos em nossa memória, compilado em forma de dicionário enciclopédico do mundo e da cultura a que temos acesso. No texto em estudo, o sentido é compreendido pelo conhecimento do leitor dos seguintes aspectos: o que é nadar e mergulhar, a dificuldade da língua escrita atualmente e o ensino normativo da língua portuguesa.

Reiteramos que foram exploradas algumas possibilidades de análise, considerando-se a inter-relação entre as dimensões linguística, textual, sociopragmática e cognitivo-conceitual. O objetivo da análise, nesse exemplo, foi mostrar como estudar o uso da língua em uma manifestação da linguagem que se fundamenta na reflexão sobre a relação entre a recepção e a produção textual.

Finalmente, cabe mencionar que, segundo as orientações do MEC, as práticas de linguagem efetuadas na escola não devem restringir-se à palavra escrita nem filiar-se apenas ao padrão culto da língua. "Isso significa que o professor deve procurar, também, resgatar do contexto das comunidades em que a escola está inserida as práticas de linguagem e os respectivos textos que melhor representam sua realidade" (Brasil, 2008, p. 28). Em outras palavras,

> *a abordagem do letramento deve, portanto, considerar as práticas de linguagem que envolvem a palavra escrita [...] [ou oral] – seja em contextos escolares seja em contextos não escolares –, prevendo, assim, diferentes níveis e tipos de habilidades, bem como diferentes formas de interação [...].* (Brasil, 2008, p. 28)

Finalmente, devemos salientar que, como já foi dito, no atual contexto das políticas públicas brasileiras de educação, o ensino médio, etapa final da educação básica, deve assegurar a todos os cidadãos a oportunidade de consolidar e aprofundar muitos conhecimentos construídos ao longo do ensino fundamental.

Atividades

1. No atual contexto das políticas públicas brasileiras de educação, o ensino médio define-se, no âmbito da educação básica, como:
   a. etapa inicial de formação escolar.
   b. etapa final de formação escolar.
   c. etapa intermediária de formação escolar.
   d. etapa inicial de formação profissionalizante.

2. O ensino médio, conforme a reformulação proposta pelos PCNEM, tem como objetivo principal:
   a. promover a consolidação e o aprofundamento de muitos conhecimentos construídos ao longo do ensino fundamental.
   b. promover a formação específica do aluno para o mercado de trabalho.
   c. preparar o aluno para o ensino superior.
   d. preparar o aluno para o mundo do trabalho.

3. As Orientações Curriculares para o Ensino Médio (Brasil, 2008) preconizam que a disciplina de Língua Portuguesa encontra-se na área de Linguagens, Códigos e suas Tecnologias. Constituem também conhecimentos dessa área:
   a. Línguas Estrangeiras, Biologia, Química e História.
   b. Educação Física, Geografia, História e Sociologia.
   c. Literatura, Línguas Estrangeiras, História e Sociologia.
   d. Literatura, Línguas Estrangeiras, Educação Física e Arte.

4. Em última análise, as atividades realizadas na disciplina de Língua Portuguesa, no ensino médio, devem propiciar ao aluno:
   a. o refinamento das habilidades de escrita, de fala e de escuta.
   b. o domínio da língua oral e escrita.
   c. o uso dos recursos linguísticos em relação ao contexto em que o texto é construído.
   d. a produção textual e pesquisas bibliográficas.

5. Quanto à produção e/ou recepção de textos, a abordagem proposta nas Orientações Curriculares para o Ensino

Médio (Brasil, 2008) prevê questões na dimensão textual, as quais são:

a. relativas ao uso da língua, suas formas de atualização nos eventos de interação.
b. relativas ao trabalho de análise linguística (os elementos formais da língua).
c. vinculadas à configuração do texto (como gêneros e tipologias).
d. relacionadas à análise do funcionamento sociopragmático dos textos (tanto os produzidos pelo aluno como os utilizados em situação de leitura ou práticas afins).

(5)

Critérios para análise do livro-texto
a serem adotados no 3º e 4º ciclos do
ensino fundamental: Parte I

Angelo Renan Acosta Caputo é graduado em Letras pela Fundação Universidade de Bagé, especialista em Métodos e Técnicas: Língua Portuguesa e Línguas Estrangeiras Modernas pela Universidade do Vale do Rio dos Sinos (Unisinos) e doutorando em Filologia Espanhola, Moderna e Latina pela Universidade das Ilhas Baleares, Espanha. Tem experiência na área de letras, com ênfase em língua portuguesa, atuando principalmente nos seguintes temas: paráfrase, morfologia, critérios análise PCN: parte II, sintaxe e regência verbal.

Angelo Renan Acosta Caputo

Conforme vimos nos capítulos 3 e 4, os Parâmetros Curriculares Nacionais (PCN) têm abrangência em todos os aspectos da formação do educando. A escolha do livro-texto para alunos adolescentes, de 5ª a 8ª série, não é uma das tarefas mais fáceis a ser realizada. A dificuldade se pronuncia quando nos deparamos com a multiplicidade de recursos visuais de que dispõem os meios de comunicação contemporâneos, quer *on-line*, quer *off-line*.

A riqueza desses recursos e o imediatismo da recepção da informação nos levam a pensar, de forma mais aguda, a respeito do livro-texto que deve ser usado pelo aluno não só em sala de aula, mas também em seus estudos em qualquer outro ambiente, quando da ocasião da pesquisa para resolver as atividades que lhe são propostas, para ampliação de seu conhecimento. Qualidades como adequação, atratividade, complementaridade e profundidade dos conteúdos devem pautar a escolha do material na hora da indicação ao aluno.

Além dessas preocupações, o professor deve ter presentes os princípios norteadores da educação que constam nos PCN (comentados no Capítulo 3), os quais determinam, acima de tudo, a inserção do sujeito no contexto social como elemento participante desse contexto e consciente do seu papel de cidadão. Portanto, o manual que o aluno utiliza não mais pode apresentar as antigas metodologias aplicadas no ensino formal; ao contrário, deve ser um objeto de manuseio prático e atualizado, conforme exigem a modernidade, o progresso, a cientificidade e as mais desenvolvidas tecnologias.

Decorre daí que, ao escolher um livro didático, o professor deve, em primeiro lugar, ater-se a alguns critérios que dizem respeito à FORMATAÇÃO e à IMPRESSÃO VISUAL da obra. Poderíamos, assim, listar os seguintes aspectos:

1. Dimensionais: O livro-texto deve possuir dimensões que facilitem o seu manuseio. Grande demais, é inconveniente tanto para o transporte quanto para a consulta ao longo de suas unidades. Se muito pequeno, perde a atratividade.
2. Funcionalidade: Os conteúdos devem estar organizados de modo a facilitar a consulta pelo aluno e despertar o interesse pela sua leitura, resultante da sequenciação lógica e provocadora da curiosidade do aluno.

3. Sistematização e organização: O livro didático deve obedecer a sistematização e organização determinadas, de tal forma que facilite a pesquisa por parte do aluno. Para que isso aconteça, ele deve apresentar:
   - índices;
   - sumários;
   - tabelas;
   - glossário;
   - referências;
   - notas de rodapé;
   - ilustrações adequadas ao conteúdo, que deverá ser adequado, igualmente, à realidade do aluno.
4. Recursos gráficos: Devem apresentar qualidade e diversidade, tanto no que diz respeito à forma quanto no que se refere ao uso das cores, observando-se sempre a relação com os conteúdos desenvolvidos na respectiva unidade. Os recursos gráficos devem ser complementares aos conteúdos, constituindo-se em pano de fundo, e não absorver demasiadamente a atenção do aluno, ficando em segundo ou terceiro planos. Deve-se privilegiar o uso de letras em formato e tamanho adequados, de modo a serem facilitadores da leitura.
5. Informatividade atualizada: O livro didático deve conter na sua forma impressa todos os recursos que possibilitem ao aluno desenvolver seus estudos com a maior credibilidade possível no que está lendo. Para isso, é necessário que o livro contenha:
   - a reprodução de documentos oficiais e fatos que representem os referentes (conteúdos, atividades etc.) relacionados;
   - textos fidedignos com testemunho de autoridade sobre a abordagem em questão;
   - esquemas elaborados de forma clara e precisa a fim

de facilitar a compreensão do conteúdo em foco.
6. Adequação: O professor, ao indicar o livro didático, deve preocupar-se com a adequação da linguagem, dos conteúdos e dos textos nele contidos à realidade do meio em que vive o aluno com o qual irá trabalhar, o que facilitará, para este, a compreensão do material presente em suas mãos.

Neste capítulo, para melhor assimilação e compreensão dos critérios de análise de livros didáticos, além dos anteriormente mencionados, preocupar-nos-emos com os que se referem aos conteúdos relacionados ao ESTUDO DA ORALIDADE e À LEITURA DE TEXTOS ESCRITOS.

(5.1)
Estudo da oralidade

Silva (2001, p. 23), na introdução do Capítulo 1 de sua obra *A repetição em narrativas de adolescentes: do oral ao escrito*, ao ressaltar a importância do estudo da oralidade, afirma:

> *A oralidade é, em princípio, um processo natural de comunicação linguística que antecede ao processo de educação formal direcionado à lectoescritura ou, de maneira geral, ao letramento. Por um lado, a oralidade pode ser caracterizada como origem e berço da cultura popular que, por sua vez, tem sustento, conservação e retorno basicamente na comunicação oral. Por outro, o termo "oralidade" tem sido utilizado para distinguir sociedades essencialmente orais, ou, ainda, para caracterizar as formas de falar que se encontram tanto em culturas que desconhecem como nas que fazem uso da escrita.*

Com base nesse postulado, fica evidente que a primeira forma de expressão utilizada pelo homem é a expressão oral. A educação que se processa na escola, chamada *educação formal*, só vai ocorrer posteriormente. Todo o conhecimento adquirido, num primeiro momento, se dá por essa forma de expressão. Ignorá-la seria um despropósito diante do objetivo a que nos propomos na tarefa de educar. O reconhecimento de que é pela oralidade que se dá a identificação dos diversos níveis culturais em que interagem os indivíduos deve estar presente no momento da seleção dos textos com os quais o professor irá trabalhar. Quanto à proposta de desenvolvimento de conteúdos e atividades que contribuam para o desenvolvimento da capacidade de expressão oral dos alunos, os livros-textos de 5ª a 8ª série devem apresentar unidades com metodologias propícias à ampliação dos seguintes conhecimentos:

- Discursivos: O aluno, como cidadão, deve dispor de um livro-texto que provoque, por meio da oralidade, a expressão de suas opiniões pela utilização dos mais variados recursos linguísticos, como entonação, impostação de voz, timbre e intensidade, ao valer-se da língua para definir seus pontos de vista diante de situações-problema criadas e articuladas estrategicamente.
- Semânticos: O livro didático deve propor situações e estratégias que possibilitem ao aluno ampliar seus conhecimentos sobre os diversos significados que apresentam os vocábulos da língua, ou seja, aplicar não somente os significados lexicais, mas toda a gama de significados que as palavras adquirem uma vez relacionadas aos mais diferentes contextos.
- Gramaticais: Além da adequação ao nível em que se encontra o aluno, o livro didático deve apresentar

conteúdos e atividades que se relacionem às construções frasais orais características da idade e do meio em que está inserido. A apresentação de situações-problema é imprescindível para que o aluno se valha de conceitos gramaticais pré-adquiridos e os complemente com o que está sendo desenvolvido na ocasião. É importante que o material leve em consideração a oralidade do adolescente, matizada por diferentes construções de estruturas vocabulares e sintáticas.

- T<small>EXTUAIS</small>: O livro didático deve considerar que, nessa fase da vida (adolescência), o aluno já tem sua competência textual bastante desenvolvida e que, além de identificar, ele é capaz de produzir diferentes tipologias textuais, tais como: piadas; anedotas; narração de histórias com maior nível de complexidade em sua estruturação; descrições de objetos, pessoas e ambientes, nas quais o aluno apresenta domínio dos esquemas práticos de construção linguística. Os gêneros textuais mais utilizados por esse aluno seguem a linha da argumentação de caráter dimensional pragmático, levando em consideração o aspecto explícito da palavra, para construir, de forma progressiva, as categorias que explicam o funcionamento da linguagem nas mais diversas situações de uso, ou seja, textos que são de sua prática diária e que circulam em seu contexto social.

Do mesmo modo que os livros-textos devem se preocupar com a expressão oral da língua, devem propor atividades em que as expressões corporal e facial e a gestualidade sejam desenvolvidas de forma colaborativa entre falante e ouvinte.

Sabemos, de antemão, que os adolescentes usam, de formas múltiplas, esse tipo de linguagem. É sua maior e mais eficaz forma de expressão. Cabe, portanto, ao professor ser criterioso e hábil na seleção do livro didático que vai indicar para seus alunos. Lembre-se: eles são e estão inquietos, motivados, envolvidos em processos comunicativos em que eles mesmos são os protagonistas.

Ao selecionar que livro irá adotar para a prática da oralidade, o professor deve observar outros critérios que são determinantes no que se refere à construção da cidadania. Por isso, esse livro deve apresentar conteúdos e propor atividades:

- que ofereçam situações de debates em que as diferentes posições ideológicas dos indivíduos sejam objeto de discussão, aceitação ou rejeição, pois, dessa forma, irá estabelecer-se a noção de respeito mútuo;
- em que as situações de discurso sejam determinadas objetivamente e o aluno passe a exercitar as posições da fala, conforme as situações do discurso as exigirem, isto é, exercitar os papéis de falante/ouvinte;
- que estimulem no aluno o questionamento do papel dos sujeitos na ação discursiva, para, desse modo, chegar ao conhecimento de si próprio;
- que estimulem a participação ativa do aluno em situações-problema ou situações de cooperação em prol do bem-estar do grupo (classe) em que ele está inserido.

Podemos considerar que, além desses, outros critérios que não foram aqui especificados podem ser de grande valia para a escolha do livro didático. Cabe ao professor determiná-los conforme suas necessidades e as da classe com a qual vai trabalhar.

(5.2)
Leitura de textos escritos

Como a escrita compreende organicidade e metodologias apropriadas para o seu desenvolvimento, o processo de sua decodificação também pressupõe o conhecimento de mecanismos capazes de agilizar a decifração dos códigos empregados em sua realização. Em vista disso, é de suma importância que o livro-texto apresente recursos que possibilitem ao aluno realizar o trabalho de decodificação de maneira autônoma e espontânea em textos com os quais constitua uma relação de familiaridade, por meio de gêneros e temas com os quais interage na sua realidade.

Dessa forma, para a prática da leitura, os livros didáticos devem apresentar textos em que as tipologias sejam claras e concisas, a fim de facilitar a produção e a interpretação de conhecimentos nos mais diversos ambientes sociais. É corrente a classificação dos textos conforme suas características comuns. No entanto, é necessário que o professor observe a classificação desses textos segundo suas categorias e níveis a serem indicados (faixa etária, nível socioeconômico, contexto social etc.), conservando a preocupação com os critérios linguísticos a serem desenvolvidos em sala de aula.

Com esse enfoque e considerando as determinações dos PCN quanto à leitura de textos escritos, podemos determinar como critérios, no momento da seleção do livro-texto, as seguintes orientações[a]:

---

a. Orientações com base em Brasil (1998d, p. 50-51).

- Os textos a serem lidos pelos alunos devem estar em concordância com seus interesses e necessidades.
- A familiaridade com os textos se processa:
  1. pela seleção de procedimentos de leitura adequados a diferentes objetivos e interesses;
  2. por meio de textos que desenvolvam a capacidade do aluno de construir um conjunto de expectativas e pressuposições antecipadoras dos sentidos, da forma e da função do texto;
  3. esses textos contidos nos livros didáticos devem considerar o conhecimento prévio que possui o aluno sobre as mais variadas tipologias textuais;
  4. pelo estímulo ao exercício das inferências a partir do texto lido;
  5. pela apresentação de situações textuais em que o aluno deva localizar o contexto em que se realizam para a construção do sentido do texto em questão.
- O livro didático deve apresentar textos que sejam capazes de levar o aluno a compreender a pragmática dos códigos linguísticos, com o fim de ampliar seu universo vocabular.
- Os manuais devem explorar a capacidade dedutiva do aluno a partir dos implícitos contidos nos textos.
- No ato da leitura dos textos escritos, os manuais devem atuar de forma a desenvolver a competência do aluno no sentido de ser capaz de estabelecer a progressão do tema proposto.
- Os manuais devem propor situações de integração e síntese de informações por meio de exercícios de expressão oral ou por escrito em que o aluno deva valer-se de sua própria linguagem.
- As leituras desses textos devem propor situações desafiadoras, a fim de elevar o aluno para uma outra condição sociointerativa por meio de elementos do próprio texto.

- Os textos contidos nos livros didáticos devem provocar o senso crítico do aluno, estimulando-o à realização de debates com outro leitor, para que possa conhecer os mais diversos posicionamentos diante do lido.
- Ainda, esses textos devem proporcionar o desenvolvimento da capacidade de seleção das mais diversas ideologias, no sentido de recusá-las ou aceitá-las.

Kaufman e Rodriguez (1995) propõem a seguinte tipologia textual para o trabalho em sala de aula:

1. Textos literários	– Conto
	– Novela
	– Obra teatral
	– Poema
2. Textos jornalísticos	– Notícia
	– Artigo de opinião
	– Reportagem
	– Entrevista
3. Textos de informação científica	– Definição
	– Nota de enciclopédia
	– Relato de experimento científico
	– Monografia
	– Biografia
	– Relato histórico
4. Textos instrucionais	– Receita
	– Instrutivo
5. Textos epistolares	– Carta
	– Solicitação
6. Textos humorísticos	– História em quadrinhos
7. Textos publicitários	– Aviso
	– Folheto
	– Cartaz

FONTE: KAUFMAN; RODRIGUEZ, 1995, P. 13.

Podemos considerar que, se para a análise linguística essa classificação é de suma importância, para a leitura de textos escritos, com base na qual serão desenvolvidos os conhecimentos de leitura, interpretação e escrita de textos, também ela se faz necessária. Somente por meio das mais diversas tipologias textuais é que o aluno será capaz de compreender os diversos mecanismos utilizados pela sociedade no processo de comunicação e interação. Cabe, portanto, ao professor a preocupação com os critérios a serem adotados no momento em que ele for indicar o livro-texto para o aluno.

Outro critério que deve ser determinante na escolha do livro didático para a prática da leitura é o que se refere à presença de textos que privilegiem as mais diversas funções da linguagem, visto que um texto nunca contempla uma única função, mas vale-se de todas as funções da linguagem.

Uma vez que citamos o critério das funções da linguagem, não podemos deixar de mencionar o uso de livros que contemplem os textos literários, em que a mensagem é valorizada pela relevância de seu conteúdo. Nesses textos, evidencia-se a construção estética da sentença, a combinação dos diferentes códigos linguísticos no intuito de revelar o belo. Devemos considerar que esses textos trabalham com o caráter implícito da linguagem, nada é explícito. Fica a cargo do leitor desenvolver as possibilidades interpretativas que o autor nos oferece.

O aluno do 3º e 4º ciclos encontra-se numa fase de desenvolvimento linguístico acelerado. Sua competência relativa à identificação das tipologias textuais é automática e natural. Cabe-nos a tarefa de sermos criteriosos com aquilo que lhe oferecemos como recurso para ampliar ainda mais essa competência.

É importante, também, que mencionemos os PCN, que propõem, como sugestão para a leitura de textos escritos, a seguinte classificação:

LITERÁRIOS	– Conto
	– Novela
	– Romance
	– Crônica
	– Poema
	– Texto dramático
DE IMPRENSA	– Notícia
	– Editorial
	– Artigo
	– Reportagem
	– Carta do leitor
	– Entrevista
	– Charge e tira
DE DIVULGAÇÃO CIENTÍFICA	– Verbete enciclopédico
	– Relatório de experiências
	– Didático (textos, enunciados de questões)
	– Artigo
PUBLICIDADE	– Propaganda

FONTE: BRASIL, 1998D, P. 54.

O que vimos até aqui se refere à necessidade de reconhecermos a responsabilidade que carregamos como professores e o quanto devemos estar atentos à qualidade do material que utilizamos em nossas aulas, uma vez que o aluno de hoje dispõe de meios tecnológicos modernos que suplantam qualquer tentativa de formalidade no processo educacional.

Atividades

1. Relacione os critérios para a adoção do livro-texto com as afirmações que seguem:
   a. De funcionalidade
   b. De dimensão
   c. De sistematização
   ( ) Para facilitar a pesquisa por parte do aluno, o livro-texto deve apresentar índices, sumários, referências, notas de rodapé etc.
   ( ) A sequenciação lógica provoca a curiosidade do aluno por meio da consulta e da leitura dos conteúdos.
   ( ) O livro-texto deve ter proporções adequadas a fim de facilitar o seu manuseio em qualquer situação/ambiente em que a busca do conhecimento e da informação se faça presente.

2. A afirmação a seguir refere-se a que critério?
   O professor deverá preocupar-se com o nível de linguagem, dos conteúdos e dos textos contidos no livro didático, observando a realidade do aluno e a realidade com que irá trabalhar.
   a. Informatividade.
   b. Adequação.
   c. Organização.
   d. De funcionalidade.

3. Assinale a única alternativa que NÃO pode ser considerada correta:
   a. A oralidade pode ser caracterizada como a fonte de origem da cultura de um povo, que a utiliza como recurso primeiro no processo comunicativo.
   b. A identificação dos diversos níveis culturais dos indivíduos se dá através da oralidade, por isso essa

preocupação deve estar presente na seleção do livro didático.

c. A escrita é tão importante quanto a oralidade, pois, pelo que se conhece, o homem, antes mesmo de falar, já desenhava para expressar suas emoções e sua cultura.

d. Nenhuma das alternativas anteriores está correta.

4. Selecione a alternativa correta considerando a seguinte afirmação:

Além da adequação ao nível em que se encontra o aluno, o livro didático deverá apresentar conteúdos e atividades que se relacionam às construções frasais orais características da idade e do meio em que está inserido.

Esse critério leva em conta, por parte do aluno, o conhecimento:

a. discursivo.
b. semântico.
c. textual.
d. gramatical.

5. Assinale a alternativa correta:

Ao afirmarmos que "o livro didático deverá apresentar textos que sejam capazes de levar o aluno a compreender a pragmática dos códigos linguísticos, com o fim de ampliar seu universo vocabular" (Brasil, 1998d, p. 50-51), estamos nos referindo a critérios com base:

a. apenas na oralidade como processo espontâneo de comunicação.
b. na leitura oral de textos escritos.
c. somente na produção escrita de textos.
d. Nenhuma das alternativas anteriores está correta.

(6)

Critérios para análise do livro-texto
a serem adotados no 3º e 4º ciclos do
ensino fundamental: Parte II

Angelo Renan Acosta Caputo

No capítulo anterior, além dos critérios de análise que contemplam o *layout* do livro didático, consideramos os conteúdos relativos à ORALIDADE e à LEITURA DE TEXTOS ESCRITOS. Dando continuidade aos nossos estudos, veremos, neste capítulo, alguns critérios para a seleção do livro-texto que contemplam a PRODUÇÃO DE TEXTOS ORAIS E ESCRITOS e a PRÁTICA DOS CONHECIMENTOS LINGUÍSTICOS.

É própria do homem a capacidade de produzir histórias, de desenvolver argumentos para justificar seus pontos de vista, de descrever, em pormenores, situações e lugares que, de alguma forma, lhe são significativos. Num primeiro momento, antes da invenção da escrita, ele o fazia valendo-se dos recursos próprios da expressão oral, corporal, gestual e, num período posterior, de desenhos representativos da realidade que pretendia retratar. Com o surgimento da escrita, pôde esse homem, então, registrar, de forma permanente, a sua história e a de sua coletividade. Ele tornou-se um narrador em potencial. Em Kaufman e Rodriguez (1995, p. 146) encontramos a seguinte afirmação sobre a produção textual:

O texto, produto da atividade verbal humana, é uma unidade semântica de caráter social, que se estrutura mediante um conjunto de regras combinatórias de elementos textuais e oracionais, para manifestar a intenção comunicativa do emissor. Tem uma estrutura genérica, uma coesão interna e funciona como uma totalidade. Os componentes linguísticos do texto vinculam-se em si através de distintas estratégias de coesão e coerência.

A atividade de produção textual, além de lúdica, compreende o envolvimento de todas as capacidades cognitivas do indivíduo. Por isso, como vimos anteriormente, na modernidade, ela é estimulada não só pelos métodos tradicionais, mas por tecnologias midiáticas de alto nível e grande alcance e capacidade de veicular e armazenar informação.

Mais uma vez, ressaltamos a importância de se terem claros os critérios para a seleção do livro-texto para a abordagem de conteúdos tão importantes na atividade de interação do adolescente.

Vejamos, então, alguns critérios que contemplam a escolha do livro didático referentes à PRODUÇÃO DE TEXTOS ORAIS.

Os Parâmetros Curriculares Nacionais – PCN (Brasil, 1998d, p. 58) são explícitos quanto ao desenvolvimento das habilidades que devem ser trabalhadas com alunos do 3º e 4º ciclos do ensino fundamental, a fim de fazer progredirem suas capacidades como produtores de discursos orais ou escritos, para poderem participar como cidadãos ativos no contexto social em que estão inseridos. Isso posto, espera-se que o livro didático, indicado para o aluno, apresente:

- EXERCÍCIOS EM QUE OS ALUNOS POSSAM DESENVOLVER ESQUEMAS DE PLANEJAMENTO DA EXPRESSÃO ORAL, OBSERVANDO OS CONTEXTOS E OS OBJETIVOS DA FALA, TAL COMO É EFETUADO NO PLANEJAMENTO DO DISCURSO ESCRITO: Essa atividade pode ser desenvolvida por meio de exercícios que estimulem o aluno a desenvolver suas potencialidades de elocução em público, aplicando seus conhecimentos acerca dos princípios da organização discursiva, do planejamento e das estratégias da oratória.
- PRÁTICAS DO DISCURSO ORAL EM QUE SEJAM USADOS OS MAIS VARIADOS NÍVEIS DE FALA, BEM COMO RESPEITADAS E VALORIZADAS AS VARIAÇÕES LINGUÍSTICAS: Os livros didáticos devem apresentar sugestões de produção de textos orais em que o aluno possa se expressar utilizando os diferentes níveis de fala adequados aos contextos em que se realizam. Considerando que a língua portuguesa é heterogênea, esses livros devem propor situações sérias, em que as variações linguísticas poderão ser realizadas, não de forma caricaturesca, como antigamente, mas como forma de expressão de uma nação gigantesca e cheia de contrastes.

- Sugestões de situações em que os alunos devam expressar-se de forma idêntica à manifestação linguística da comunidade na qual vivem: O livro-texto pode propor atividades em que o educando deva simular as conversas com seus amigos, colegas, grupos com os quais se identifica e vizinhos, valorizando a forma espontânea da comunicação informal, desmonitorada. Deve haver a valorização da situação imediata, para, a seguir, serem desenvolvidas estruturas mais complexas no âmbito das estratégias comunicativas.
- Atividades em que o desempenho oral do aluno seja passível de acompanhamento para que o professor tenha a possibilidade de orientá-lo quando houver necessidade de replanejamento do discurso: Essas atividades devem ser realizadas de tal maneira que o professor tenha oportunidade, sempre que o aluno tiver necessidade, de auxiliá-lo na reelaboração do discurso, considerando as possíveis reações que se apresentem por parte dos interlocutores.
- Exercícios em que o aluno necessite utilizar outros recursos para melhor entendimento de sua expressão oral: O livro didático deve apresentar situações em que o aluno se valha da expressão corporal e facial, da gestualidade, de desenhos e de quaisquer outros recursos não verbais para facilitar o entendimento da mensagem transmitida.

Não podemos esquecer que é por meio da oralidade que o aluno primeiro se comunica. É a fala o seu primeiro instrumento de comunicação no meio social.

Diferentemente da produção dos textos orais, a produção de textos escritos (Brasil, 1998d, p. 58-59) exige maior complexidade de relações, visto que, para se efetivar, é necessário que, antes de mais nada, ocorra um planejamento prévio centrado nos princípios da arquitetura textual. Dessa forma, o professor, ao indicar o livro-texto para fins de produção de textos escritos pelos alunos, deve cuidar para que esse material:

- CONTENHA PROPOSTA DE ATIVIDADES DE REDAÇÃO DE DIVERSOS TIPOS DE TEXTOS, DE FORMA QUE PROPORCIONEM:
  - a aplicação de conhecimentos da estrutura do texto a ser redigido, considerando-se o tema e os propósitos a que se destina tal produção;
  - exercícios de produção textual escrita em que se garanta a continuidade temática, bem como as relações de contextos. O aluno, ao usar o livro-texto para a realização desse tipo de exercício, deve compreender que a temática textual só manterá unidade no decorrer do texto se forem consideradas as relações de contexto, pois os temas são específicos do contexto em que se desenvolvem;
  - práticas de escritura em que o aluno desenvolva as possibilidades de substituição dos elementos linguísticos, compreendendo os processos de retomadas de palavras, orações, períodos e até as estratégias linguísticas de antecipação.
- APRESENTE EXERCÍCIOS EM QUE O ALUNO DEVA REALIZAR A ESCOLHA DE ELEMENTOS LEXICAIS, SINTÁTICOS, FIGURATIVOS E ILUSTRATIVOS, adaptando-as às circunstâncias exigidas para a produção do texto, considerando os diferentes graus de formalidade e informalidade do discurso e, ainda, os diferentes objetivos motivadores da produção: A atividade de processamento textual é complexa e, por essa razão, o livro-texto deve apresentar indicadores que permitam ao aluno a identificação de elementos que, explícita ou implicitamente, devem constituir a

sua produção. Ao considerarmos esse aspecto, citamos Koch (2002, p. 48):

> *O conhecimento linguístico compreende o conhecimento gramatical e o lexical, sendo o responsável pela articulação som-sentido. É ele o responsável, por exemplo, pela organização do material linguístico na superfície textual, pelo uso dos meios coesivos que a língua nos põe à disposição para efetuar a remissão ou a sequenciação textual, pela seleção lexical adequada ao tema e/ou aos modelos cognitivos ativados.*

A proposta de exercícios deve considerar, assim, todos esses elementos que constituem a estrutura básica do texto, levando o aluno a exercitar sua capacidade crítica para melhor construir suas próprias ideias em torno de eixos orientadores de um texto coeso e coerente.

- Proponha atividades em que o aluno precise valer-se, desenvoltamente e com conhecimento, dos diversos padrões da escrita, conforme o gênero textual escolhido, a intenção de comunicação e, principalmente, o leitor a quem se destina o texto: Essa proposta deve contemplar os variados níveis de linguagem que são próprios dos gêneros (bilhetes, cartas familiares, cartas comerciais, ofícios, narrativas, textos argumentativos ou descritivos) que serão desenvolvidos pelos alunos. Ainda, deve salientar a clareza das intenções que motivam o escritor a produzir o texto, sem desconsiderar as capacidades decodificadoras e interpretativas do leitor a quem se destina o texto. Citamos novamente Koch (2002, p. 49):

> *O conhecimento superestrutural, isto é, sobre gêneros textuais, permite reconhecer textos como exemplares adequados*

aos diversos eventos da vida social; envolve, também, conhecimentos sobre as macrocategorias ou unidades globais que distinguem os vários tipos de textos, sobre sua ordenação ou sequenciação, bem como sobre a conexão entre objetivos e estruturas textuais globais.

Como podemos perceber, é relevante a escolha certa do livro-texto, pois nem todos contemplam esses meandros que se fazem presentes na estruturação do texto. Sabemos que o aluno já possui competência textual no que diz respeito a tipologias e gêneros textuais. Ele é detentor de um vocabulário próprio e bem organizado em sentenças simples e complexas. Também já domina as relações de encadeamento frasal e a organização das ideias. Esse material didático deve, consequentemente, levar em consideração todas essas posições.

Outro fator de importância fundamental e que deve ser levado em conta no momento da escolha do livro-texto são os critérios correspondentes à ANÁLISE LINGUÍSTICA. Em um texto estão contidos elementos linguísticos dos mais variados níveis, que se organizam conforme as características dialetais de cada língua. É preciso, dessa forma, que o livro-texto apresente atividades em que esses elementos multifacetados estejam presentes em atividades em que o aluno terá oportunidade de exercitar seus conhecimentos anteriormente adquiridos e oportunize a aprendizagem de outras formas de expressão comunicativa.

É considerado adequado para o 3º e 4º ciclos do ensino fundamental, segundo os PCN (Brasil, 1998d, p. 59-63), o livro-texto que tiver a preocupação em oferecer ao aluno atividades que privilegiem:

- DIFERENTES GÊNEROS TEXTUAIS, COM O FIM DE IDENTIFICAR SUAS CARACTERÍSTICAS, SUA ESTRUTURA DE COMPOSIÇÃO E ESTILO: Cada texto tem características próprias e exige o uso de metodologias específicas para sua elaboração e estruturação. O exercício com essas diferentes tipologias de gênero deve privilegiar desde os mais usuais, como a redação de bilhetes, pequenas notas, *e-mails*, pequenos diálogos de *chat*, em que o aluno trabalhará com a escrita informal, até a produção de textos mais complexos, como cartas, textos narrativos, descritivos e argumentativos, considerando sempre as características de composição de cada um desses diferentes gêneros e as peculiaridades das construções linguísticas que lhes são próprias. Segundo os PCN (1998d, p. 9-61), no que tange à análise linguística, deve-se dar atenção aos espaços de circulação dos textos, para que a linguagem usada na redação destes seja adequada. Por isso, o livro-texto deve propor exercícios que contemplem as diferentes realidades espaciais por onde circula o aluno e atividades em que as diferentes formas de dizer sejam exercitadas em conformidade com as sequências discursivas predominantes.

- ATIVIDADES QUE PRIVILEGIEM OS DIFERENTES PROCESSOS DE ESCRITA DE ACORDO COM AS CIRCUNSTÂNCIAS NAS QUAIS SE REALIZAM: Nesse grupo de atividades, devem ser previstas situações de produção em que o aluno necessite desenvolver textos que contemplem as variações linguísticas regionais, atemporais, sociológicas e técnicas, em que estejam claras as diferenças entre os níveis oral e escrito, formal e informal, as diferenças fonéticas, lexicais, morfológicas e sintáticas.
- ATIVIDADES EM QUE SE ESTABELEÇAM COMPARAÇÕES ENTRE OS DIFERENTES FENÔMENOS LINGUÍSTICOS DA FALA E DA ESCRITA: Nessas produções, as atividades devem prever a aplicabilidade dos pronomes, a ênfase da posição pronominal, as diferentes representações dos complementos

verbais e as diferentes tipologias pronominais. Devem, ainda, oferecer exercícios de escrita em que a flexão verbal nos mais variados modos e tempos seja objeto de estudo. Nessa fase, é importante que o livro-texto apresente exercícios de composição textual em que as substituições vocabulares (anáforas e catáforas) se realizem, com o propósito de desenvolvimento de vocabulário. Os complexos sistemas sintáticos, como as concordâncias nominal e verbal, a coordenação e a subordinação, devem prevalecer nessas propostas de atividades.

Para fechamento deste capítulo, faz-se necessário que se enfatize, quanto aos critérios para análise e adoção do livro-texto, que o professor deve ter presente o que dispõem os PCN em relação aos VALORES E ATITUDES SUBJACENTES ÀS PRÁTICAS DE LINGUAGEM.

Como vimos, não pode o professor, ao adotar o livro-texto, desconsiderar todas essas recomendações que são de capital importância para o desenvolvimento intelectual do aluno. Somente com livros didáticos com propostas inclusivas é que se pode desenvolver eficientemente a aprendizagem. Não podemos ignorar as inovações tecnológicas no campo da informação e da comunicação de massa, pois elas estão presentes no dia a dia de nossos alunos. Não considerá-las no ambiente escolar constitui-se um despropósito e, ao mesmo tempo, uma tomada de posição radical a favor do passadismo. Nossos recursos didáticos devem adaptar-se, cada vez mais, às inovações que se fazem presentes em nosso cotidiano.

Atividades

1. Relacione três propostas que devem estar incluídas em um livro-texto, contemplando as tipologias textuais.

2. Discuta com seus colegas a seguinte afirmação sobre valores e atitudes subjacentes às práticas da linguagem: "Valorização das variedades linguísticas que caracterizam a comunidade dos falantes da língua portuguesa nas diferentes regiões do país" (Brasil, 1998d, p. 64-65).

3. Assinale a alternativa que completa corretamente a afirmação a seguir:
   O livro-texto, ao privilegiar os diferentes gêneros textuais, desde os mais usuais aos mais específicos e complexos, observando as características e metodologias de produção, refere-se:
   a. ao aspecto da oralidade.
   b. ao aspecto da escrita.
   c. à análise linguística em produção de textos.
   d. Nenhuma das alternativas anteriores está correta.

4. Organize um grupo de estudos e selecione um livro-texto para realizar uma análise que envolva os critérios estudados.

5. Cite três outros recursos contidos no livro-texto que devem envolver o aluno, além das atividades de escrita e oralidade.

(7)

Critérios para análise do livro-texto a serem adotados no ensino médio

Angelo Renan Acosta Caputo

Nos capítulos anteriores trabalhamos critérios para análise de livros destinados a adolescentes da faixa etária de 11 a 15 anos. Consideramos suas expectativas, seu modo de vida, as inovações tecnológicas com as quais eles convivem e a preocupação de adequação dos recursos didáticos a essa fase de vida e aos meios de que eles dispõem para receber informações e realizar o processo comunicativo.

No que se refere aos alunos do ensino médio, não há muita mudança quanto aos critérios para análise do livro-texto. A preocupação, porém, nessa etapa, é com a formação desse jovem para prepará-lo para o ingresso no mundo do trabalho e para o exercício consciente da cidadania. No ensino médio, os conteúdos são desenvolvidos de forma mais abrangente, mais detalhada e mais profunda. Esse jovem entrará no mundo da competição, no qual o que conta é o conhecimento.

O documento intitulado *PCN + Ensino Médio: Orientações Educacionais Complementares aos Parâmetros Curriculares Nacionais – Linguagens, Códigos e suas Tecnologias*, em oposição às propostas da antiga legislação escolar, propõe, tendo em vista a escola em sua totalidade, as seguintes diretrizes:

O novo ensino médio, nos termos da Lei, de sua regulamentação e encaminhamento, deixa portanto de ser apenas preparatório para o ensino superior ou estritamente profissionalizante, para assumir a responsabilidade de completar a educação básica. Em qualquer de suas modalidades, isso significa preparar para a vida, qualificar para a cidadania e capacitar para o aprendizado permanente, seja no eventual prosseguimento dos estudos, seja no mundo do trabalho.
(Brasil, 2002, p. 8)

Dessa forma, além dos cuidados que deve ter com a prática pedagógica, com os conteúdos a serem desenvolvidos, no sentido da adequação ao que a lei impõe, o professor deve considerar que a escolha do livro-texto deve ser regida por critérios não menos seletivos e cuidadosos, pois é por meio dele que os conhecimentos serão transmitidos, servindo como referencial para a busca de novas informações. Mediante as atividades nele propostas, os alunos deverão desenvolver seu potencial de análise, crítica e expressão, valendo-se das múltiplas possibilidades de manifestações linguísticas, bem como sua capacidade de leitura dos diversos tipos de textos representativos da nossa cultura.

Quanto aos critérios relativos ao *layout*, conservamos os mesmos expostos no quinto capítulo, ressaltando que o aspecto material do livro-texto também é de fundamental importância para incentivar o seu manuseio pelo aluno. Desse modo, abordaremos, neste capítulo, questões voltadas para as competências e as habilidades.

Critérios voltados para a linguagem

O livro-texto, indicado pelo professor para o aluno, deve contemplar atividades em que a linguagem verbal seja correlacionada a atividades com as linguagens não verbal e digital.

Por meio desses diferentes tipos de estruturação linguística, é possível estabelecer comparações e relacionar os textos aos contextos de uso. Cada tipo de linguagem tem realizações textuais específicas, assim como particulares são seus contextos de ocorrência. Atualmente vivemos em uma sociedade em que a linguagem não verbal ocupa grande espaço. Da mesma forma, a linguagem digital atinge seu ponto máximo por meio das mais diversas mídias. Ignorá-las na escolha do livro-texto seria um descuido irreparável.

Trabalha-se muito mais com a simbologia e seu sentido do que propriamente com a palavra escrita. Essa simbologia tem o privilégio de remeter o leitor a informações contidas na esfera extratextual.

No plano da oralidade, o livro-texto deve propor exercícios que impliquem uma atitude de resposta ativa, em que se desenvolve o diálogo com o interlocutor a fim de intervir na situação e na produção do texto oral.

No plano da escrita, as atividades propostas pelo livro-texto devem fomentar a interação do aluno com o texto, para que possa formular respostas e perguntas e, paulatinamente, constituir seu texto.

Critérios voltados para o sentido das expressões textuais

Outro cuidado que o professor deve ter na escolha do livro-texto diz respeito às atividades que envolvem significados que se podem emprestar às palavras e expressões da língua. Devem ser propostas situações não só escolares, mas das mais diversas categorias, em que se realizem a conotação e a denotação. Essas atividades devem propor reescrituras de textos, nas quais não só se trabalhem os sentidos lexicais, mas se valorizem os diversos sentidos semânticos associados aos seus respectivos contextos.

Devem ser indicados livros didáticos que trabalhem as mais diversas tipologias textuais, evidenciando os significados que lhes são peculiares, segundo as especificidades de suas aplicações, como textos jornalísticos, científicos, técnicos e outros. Nesses exercícios, deve ser provocado o reconhecimento de como a linguagem pode produzir determinados efeitos de sentido. Nesse sentido, o livro-texto precisa contemplar atividades por meio das quais o aluno possa desenvolver seu sentido estético ao dedicar-se à apreciação dos mais diferentes gêneros.

Critérios voltados para a identificação das manifestações culturais e o reconhecimento dos momentos de tradição e de ruptura

O livro-texto deve propor atividades mediante as quais o aluno possa identificar obras dentro de um determinado período, considerando as características de sua época ou anunciativas de novas formas de dizer. É pelo exercício de análise de textos que se pode chegar ao domínio dessa atividade.

Critérios sobre a emissão de juízos críticos a respeito de manifestações culturais

O livro-texto deve conter atividades que proporcionem o debate a respeito das mais variadas manifestações culturais como representantes da cultura dos mais diferentes grupos regionais ou étnicos.

Quanto a esse critério, encontramos nos PCN+EM (Brasil, 2002, p. 69):

> *A apreciação estética dos bens culturais produzidos no local, no país ou em outras nações permite que se ampliem as visões de mundo, enriquecendo o repertório cultural dos alunos. A fruição desses bens é também questão de aprendizagem.*
>
> *O conhecimento mais amplo do patrimônio cultural leva a um diálogo mais consistente entre o repertório pessoal e os textos orais e escritos a que o aluno tem acesso e aos que ele produz.*

O livro didático deve oferecer metodologias de análise com as quais o aluno possa avaliar os procedimentos de ordem estética, tendo clara a noção de que essas manifestações são mutáveis no tempo e no espaço nos quais ocorrem.

Critérios que consideram a identificação, por parte do aluno, como usuário e interlocutor, de linguagens estruturantes de uma identidade cultural própria

O livro didático deve propor atividades que envolvam os mais variados tipos de linguagem que o aluno deverá utilizar, com base na discussão dos valores familiares e de seu círculo social, para construir sua própria identidade. São os valores familiares os formadores básicos de qualquer identidade e que repercutirão para o resto da vida do indivíduo. Associados aos valores do grupo social, determinarão a personalidade desse jovem que está entrando para o mundo dos adultos e com ele irá interagir.

Critérios de análise metalinguística das diversas linguagens

Em relação a esses critérios, fica clara a necessidade de o livro-texto apresentar situações de análise de vocabulário em que os aspectos técnicos que constituem o texto se manifestem igualmente através de vocabulário específico. Essa tecnicidade deve se manifestar por meio de atividades que envolvam conhecimentos morfológicos, sintáticos e semânticos.

Nessas atividades, o aluno deve ter a oportunidade de aplicar seus conhecimentos sobre as categorias gramaticais, a sintaxe de colocação pronominal e o significado das palavras mediante o uso de sinônimos, antônimos, homônimos e parônimos.

Para finalizar essa relação de critérios voltados para a análise do livro-texto, considerando habilidades e competências, acreditamos necessário rever o que dispõem os PCN+EM (Brasil, 2002, p. 55) sobre a questão do que se deve desenvolver no ensino médio na disciplina de Língua Portuguesa:

> *As competências e habilidades propostas pelos Parâmetros Curriculares Nacionais para o ensino médio (PCNEM) permitem inferir que o ensino de Língua Portuguesa hoje busca desenvolver no aluno seu potencial crítico, sua percepção das múltiplas possibilidades de expressão linguística, sua capacitação como leitor efetivo dos mais diversos textos representativos de nossa cultura. Para além da memorização mecânica de regras gramaticais ou das características de determinado movimento literário, o aluno deve ter meios para ampliar e articular conhecimentos e competências que possam ser mobilizadas nas inúmeras situações de uso da língua com que se depara na família, entre amigos, no mundo do trabalho.*

Com base nessas considerações, podemos, mais uma vez, ressaltar o cuidado que o professor deve ter na seleção do livro-texto para esse nível de ensino, dadas a abrangência do objeto de estudo desse material e sua relação com a vida diária do aluno. O livro didático não mais é considerado mera fonte de consulta, mas, sim, algo que lhe é indispensável para sua formação como indivíduo participante da sociedade como um todo.

Ainda se faz necessário observar, na escolha do livro-texto, o que diz respeito à inclusão de conteúdos que se relacionam ao meio sociocultural em que interage o aluno e que possam prepará-lo para conviver com contextos diferentes daquele no qual ele já se encontra. Assim, é preciso que o livro-texto englobe atividades que se relacionem a todas as manifestações culturais existentes nas mais diversas camadas sociais e que sejam facilmente permutadas e transmitidas de geração para geração. Essas trocas e transmissões se dão pelo veículo mais comum e original de que se serve o processo comunicativo: a língua. É por meio estudo da história da literatura que se enfocam, entre outros fatores, as diferentes formas de expressão linguística.

Também, por meio do livro didático, deve-se primar pelo reconhecimento da influência das línguas estrangeiras sobre a língua portuguesa, principalmente a língua inglesa, levando-se em conta que os alunos fazem apropriação de termos e expressões do campo da informática e os estendem, muitas vezes, ao seu cotidiano, o que não significa o desmerecimento de sua língua nativa. Devem os livros didáticos propor atividades de estudo e análise dos termos técnicos da informática, da linguagem empregada pelos grupos musicais que se destacam na mídia e relacioná-los aos termos similares em língua portuguesa.

Mantendo o enfoque de contextualização sociocultural, convém que o livro-texto considere em suas atividades as estratégias comunicativas do processo interacional do indivíduo, as quais se dão através do uso significativo do léxico e da sintaxe na construção do discurso social, que só ocorre dentro dele.

As palavras "significam o que elas significam" (o primeiro significado acionado pelo leitor), porém, muitas vezes esse significado é afetado pela vontade e pela intenção de quem as pronuncia. Portanto, o professor não pode, no ato discursivo, deixar de propor atividades, por meio do livro-texto, em que a visão de mundo do autor se manifeste. Essa visão se manifestará através do exercício de sua produção textual, na qual ele registrará mediante as mais variadas representações que este aluno poderá ativar, para melhor compreender os papéis desempenhados pelos componentes da família, do ambiente escolar e do meio em que convive.

O livro-texto é considerado adequado quando seu autor tem em conta, na prática com os alunos, os valores estéticos que perpassam o uso da linguagem por ocasião da leitura e da interpretação efetiva de obras literárias, de filmes adequados, da leitura de poemas de autoria dos próprios alunos ou não em qualquer ambiente onde se encontrem, a fim de desenvolverem o senso estético da prática discursiva em consonância com o gênero em foco.

Nesses manuais, devem ser contempladas atividades em que o aluno tenha a possibilidade de trocar de papel com seu colega para que sinta e aprofunde valores de ajuda mútua, tolerância, respeito, confiança e justiça, e para que compreenda que, em nossa sociedade, muitas vezes, para podermos interagir satisfatoriamente, precisamos nos deslocar de nossa posição para melhor compreendermos os mecanismos da vida em grupo.

Uma última preocupação que nos parece relevante neste capítulo, refere-se à SELEÇÃO DOS CONTEÚDOS do livro-texto a serem adotados no ensino médio. Nesse caso, é fundamental que se considere o que está disposto nos PCN+EM em relação aos critérios que devem ser obedecidos pelas escolas e pelos professores no que diz respeito à seleção dos conteúdos a serem trabalhados nesse nível de ensino. Os mesmos critérios são válidos para a escolha dos livros didáticos.

Acreditamos que, com essas propostas determinadas pelos PCN+EM, nenhuma outra dúvida perpassa no meio escolar quanto a critérios a serem adotados não só na seleção do livro-texto, como também na seleção de conteúdo do material didático a ser utilizado em sala de aula. A intenção, parece-nos, é dinamizar cada vez mais o ensino, de forma que ele possa atender aos indivíduos provenientes das mais variadas classes sociais de uma mesma forma, sem nivelar a partir de um mesmo patamar social ou econômico, mas considerando as diferenças individuais e propondo uma ação dinâmica no sentido da inclusão do sujeito no espaço que lhe é de direito na sociedade. Cabe, enfim, a cada agente educacional indicar o caminho e dar condições para que este seja percorrido e para que seja feita a história dos indivíduos que pedem passagem.

Atividades

1. Selecione um livro-texto adotado em uma escola de ensino médio de sua região e identifique os critérios sobre a emissão de juízos críticos a respeito de manifestações culturais. Discuta com seu grupo a proposta do autor.

2. As atividades devem propor reescrituras de textos, nas quais não só se trabalhem sentidos lexicais, mas se valorizem os diversos sentidos semânticos associados aos seus respectivos contextos.
Essa afirmação refere-se a critérios:
a. voltados para a linguagem.
b. voltados para manifestações culturais reconhecendo os momentos de tradição e de ruptura.
c. voltados para o sentido das expressões.
d. de análise metalinguística das diversas linguagens.

3. Discuta com seus colegas a seguinte proposição quanto aos conteúdos que devem conter os livros-textos:
Por meio do livro didático, deve-se primar pelo reconhecimento da influência das línguas estrangeiras sobre a língua portuguesa.

4. Indique se a afirmação a seguir é verdadeira ou falsa:
Atividades em que a troca de papéis com os colegas são propostas possibilitam o aprofundamento de valores econômicos, sociais e culturais e ainda a tolerância, o respeito, a confiança em si e naqueles que circulam no universo do indivíduo.
( ) Verdadeira
( ) Falsa

5. Entre os critérios de análise do livro-texto estudados neste capítulo, selecione o que você considera mais relevante e discuta-o em seu grupo.

(8)

Uma proposta de anteprojeto para análise de livro-texto à luz dos PCN

Angelo Renan Acosta Caputo

Em capítulos anteriores estudamos exaustivamente as diretrizes dos Parâmetros Curriculares Nacionais (PCN) referentes aos ensinos fundamental e médio, bem como os critérios que devem nortear a análise e a escolha do livro-texto a ser usado pelos professores em sala de aula. Neste capítulo, iremos apresentar uma proposta de anteprojeto realizado em sala de aula por alunos do curso de Letras da Universidade Luterana do Brasil (Ulbra/Canoas-RS), em 2008.

Nosso objetivo é apresentar a prática relativa aos conteúdos teóricos e incentivar os alunos à realização de novos projetos que visem a novas análises nos mais diversos enfoques.

O trabalho será realizado aqui por etapas, tendo em vista a quantidade de conteúdos que abrange. Num primeiro momento, realizamos o estudo e a aplicabilidade das teorias que orientam a ciência linguística. A seguir, estudamos os PCN e suas determinações quanto ao ensino da Língua Portuguesa. Posteriormente, selecionamos um determinado conteúdo para ser analisado no livro-texto, escolhido previamente.

Como os conteúdos, por série, são variados, achamos que a particularização de um deles tornaria o trabalho mais objetivo e menos exaustivo.

Também, durante o semestre, procedemos à leitura de bibliografia variada que desse sustentabilidade para a tarefa a que estávamos nos propondo. Realizamos discussões em grupo, seminários e atividades que envolvessem o conhecimento adquirido por meio dos estudos teóricos.

Para facilitar a elaboração desse anteprojeto, foram apresentados os elementos que ele deveria necessariamente conter e que deveriam corresponder aos passos a serem seguidos, conforme poderemos conferir na sequência.

Agora, passemos à leitura do trabalho realizado pelas alunas. Para favorecer o entendimento, incluiremos pequenas notas explicativas a respeito de cada etapa.

Capa

Nesta etapa, apresentamos poucos dados de identificação, pois a finalidade é apenas favorecer a estética do trabalho.

UNIVERSIDADE LUTERANA DO BRASIL

LETRAS – PORTUGUÊS E LITERATURAS
DE LÍNGUA PORTUGUESA
ANÁLISE DE LIVRO-TEXTO CONFORME DIRETRIZES DOS PCN

Canoas, 16 de junho de 2008

Folha de rosto

Aqui devemos registrar os dados que identificam a pesquisa. Devem ser incluídos somente os dados que dizem respeito à disciplina, à temática do trabalho, ao nome do orientador e aos nomes dos participantes do trabalho.

UNIVERSIDADE LUTERANA DO BRASIL

LETRAS – PORTUGUÊS E LITERATURAS
DE LÍNGUA PORTUGUESA
ANÁLISE DE LIVRO-TEXTO CONFORME DIRETRIZES DOS PCN

DISCIPLINA: LINGUÍSTICA APLICADA

PROFESSOR: ANGELO RENAN ACOSTA CAPUTO

COMPONENTES: DIENIFFER SILVEIRA ALVES

ROSANA DE JEZUS

TÚRIA SIBÉLI DIECKOV RUIZ

Canoas, 16 de junho de 2008

Sumário

É a apresentação dos conteúdos a serem desenvolvidos com a indicação da numeração de páginas correspondente.

SUMÁRIO
1 DADOS DE IDENTIFICAÇÃO 3
2 INTRODUÇÃO 4
3 OBJETIVOS 6
3.1 Objetivo geral 6
3.2 Objetivos específicos 6
4 METODOLOGIA 7
5 FUNDAMENTAÇÃO TEÓRICA 8
6 DESENVOLVIMENTO 15
6.1 A seleção de textos 15
    6.1.1 Textos orais (linguagem oral) 16
    6.1.2 Textos escritos (linguagem escrita) 17
    6.1.3 Textos não verbais (linguagem não verbal) 19
6.2 O respeito à faixa etária: adolescência 19
6.3 Os exercícios e as atividades propostas 19
    6.3.1 Produção de textos escritos 19
    6.3.2 O uso de exercícios mecânicos 20
    6.3.3 Nível de linguagem priorizado 22
    6.3.4 Desenvolvimento do hábito de leitura nas atividades 23
    6.3.5 Ênfase no erro 23
6.4 As diferenças culturais/contemplação das diferenças raciais 24
6.5 Presença de linha política ou ideológica subentendida pelos autores 25
7. CONCLUSÃO 26
8. REFERÊNCIAS BIBLIOGRÁFICAS 28
9. ANEXOS 29

Introdução

Nesta etapa, devemos fazer uma breve apresentação da temática do trabalho, de sua finalidade e metodologia, bem como dos passos de desenvolvimento do trabalho.

2 INTRODUÇÃO

O livro-texto, há tempos, tem sido motivo de análise e de discussão no que diz respeito a sua utilidade em sala de aula. Recurso criado para auxiliar no ensino, transformou-se, em muitas instituições, na única fonte de consulta e transmissão dos saberes. Com os olhares atentos a esse fato e sabendo da importância do livro didático na vida escolar dos alunos e na sua aprendizagem, o Ministério da Educação criou os Parâmetros Curriculares Nacionais, que têm como um dos principais objetivos garantir aos educandos, em nível nacional, um aprendizado de qualidade, independente do nível social ou econômico de cada um. Os PCN visam, principalmente, orientar o trabalho do professor em sala de aula, estabelecendo regras para uma conduta didático-pedagógica de ensino.

Diante desse quadro, apresentaremos uma análise do livro *A palavra é sua*, de autoria de Maria Helena Correa e Celso Pedro Luft, observando se ele obedece aos Parâmetros Curriculares nos textos e atividades que propõe, enfatizando os aspectos pertinentes à oralidade.

Iniciaremos o nosso trabalho com a fundamentação teórica abordando temas como: objetivos dos PCN para o aprendizado da língua portuguesa no ensino fundamental e a importância do trabalho com a oralidade para o desenvolvimento do aluno. Após a fundamentação teórica, faremos um paralelo entre o objetivo de estudo da nossa pesquisa e as regulamentações exigidas através dos PCN. A análise comparativa entre a teoria e a prática traça o perfil do livro-texto, indicando se houve ou não as devidas observações aos PCN por parte do autor. Enfatiza-se como se dá o desenvolvimento da língua portuguesa através da oralidade e quais são as metodologias utilizadas nas atividades para que as peculiaridades de cada região e escola sejam respeitadas.

Objetivos

Nesta seção do trabalho, devemos apresentar a finalidade, o propósito pelo qual ele se realiza. Devemos fazê-lo primeiro de forma geral e, em seguida, particularizar esses objetivos conforme os enfoques a serem trabalhados.

3 OBJETIVOS

3.1 Objetivo geral

Realizar uma análise crítica do livro-texto *A palavra é sua*, de Maria Helena Correa e Celso Luft (7ª série do ensino fundamental), conferindo se está conforme os PCN.

3.2 Objetivos específicos

1. Conferir se as atividades do livro-texto propõem trabalhos com a oralidade.
2. Verificar se as propostas dos PCN estão presentes nas atividades do livro didático.

Metodologia

Devemos apresentar o método de trabalho empregado para desenvolver a pesquisa e explicá-lo detalhadamente.

4 METODOLOGIA

O presente trabalho realiza-se através de uma revisão bibliográfica sobre as normativas estabelecidas nos Parâmetros Curriculares Nacionais para a docência em sala de aula. Através dos PCN faz-se uma análise crítica do livro-texto *A palavra é sua*, de autoria de Maria Helena Correa e Celso Luft, o qual é o objeto de estudo desta pesquisa. A pesquisa apresenta primeiramente a fundamentação teórica baseada nos PCN e, logo após, a análise entre os dois instrumentos: PCN e livro-texto.

A apresentação deste material será realizada através de exposição oral à turma no dia vinte e seis de junho do presente ano. Serão utilizados instrumentos visuais (lâminas) para a mostra da pesquisa. Salientar-se-ão os tópicos mais relevantes, assim como a importância do estudo realizado.

Fundamentação teórica

Nesta fase da pesquisa, discutimos as teorias que embasam o trabalho. Utilizamos referências bibliográficas como testemunho de autoridade, com a intenção de reforçar o caráter científico do trabalho.

5 FUNDAMENTAÇÃO TEÓRICA

Um dos fatores importantes para o ensino é o uso da oralidade nas atividades realizadas em sala de aula. Muitas escolas já têm descoberto o poder dessa prática, colhendo resultados expressivos no desenvolvimento dos seus alunos. Sendo a oralidade um fator presente em nossas ações do dia a dia e o meio pelo qual nos comunicamos com maior amplitude e expressividade, a escola e, consequentemente, o livro-texto utilizado pelo professor não podiam deixar de lado e ignorar esse meio de comunicação que faz parte do processo de ensino. [...]

Com base nessa definição podem-se analisar alguns pontos que compreendem a oralidade. Primeiro, pode-se dizer que a oralidade é um fator social para fins comunicativos. Muito antes de ler aprende-se a falar. É através da expressão oral que se comunica o que se deseja ou o que se necessita, desde os primeiros anos de vida. A linguagem se dá no dia a dia de maneira informal. A fala auxilia na inserção cultural e socialização da criança em seus primeiros anos de vida, para se comunicar com a família, fazer amigos e até em uma simples brincadeira. A oralidade sempre está presente em cada fase. Esses são [sic], em um segundo ponto, as variedades formais ou gêneros contextuais onde a oralidade é praticada. Vê-se, então, que o processo de desenvolvimento da oralidade é algo contínuo e crescente. Não se fica apenas no "B – A – BÁ" das palavras, mas se aprende a uni-las e, assim, se expressar com coerência e qualidade. A formação oral de uma criança acontece respeitando essas etapas. Porém, muitos enfrentam uma grande frustração ao entrar na escola, lugar em que se supõe ser o ambiente que leva a criança a caminhar em níveis maiores e melhores na comunicação. No entanto, a escola, por muitas vezes, torna-se um repressor ao invés de motivador. Sabendo que, segundo o terceiro aspecto presente na fala do autor, a oralidade se realiza da maneira menos formal a mais formal, compreende-se a grande influência exercida pela escola na formação de sujeitos com uma boa expressividade oral. [...]

O Brasil possui diferentes dialetos devido à sua extensão e pelas distintas contribuições feitas pelos seus colonizadores. Percebe-se essa variedade muito mais através da fala do que da escrita. Saber administrar essas variações linguísticas é papel fundamental da escola. É constante o fato de as escolas imporem o uso de uma fala "correta" como se a criança não tivesse nenhum conhecimento sobre a linguagem oral, intimidando-as e criando um preconceito dentro da própria sala de aula. Constrangido, o aluno prefere não falar e expor suas ideias com medo de ser corrigido na frente dos colegas. Como já vimos, a fala é um processo natural, e a escola deve deixar o falante se expressar do seu jeito, conforme o contexto social. O conhecimento prévio que cada aluno traz deve ser respeitado. O papel do professor não é moldar todos os alunos a uma linguagem formal, mas apresentar os diversos usos da linguagem em diferentes contextos, criando o respeito à diferença. Na maioria das vezes, a escola, ao apresentar ao aluno uma forma "correta" de falar, acaba por gerar um preconceito linguístico. [...]

Esses mitos criados pela escola desvalorizam as diferenças linguísticas dos alunos, as quais poderiam servir como fonte no ensino do Português. É necessário desmistificar essa forma de ensino, pois o educador pode utilizar os conhecimentos prévios do aluno sobre a língua para auxiliá-lo na construção de novos usos da linguagem.

Aprofundando-se na análise do papel que a escola exerce na elaboração do conhecimento, os Parâmetros Curriculares mostram que a aprendizagem se articula através de três elementos que são indissolúveis, a saber: o aluno; os conhecimentos com os quais se opera nas práticas de linguagem e a mediação do professor. Podemos então organizar da seguinte forma a ideia citada acima:

ALUNO
(Sujeito)

CONHECIMENTO   PROFESSOR
(Objeto)   (Mediador)

O aluno é o sujeito na ação de aprender, ou seja, ele é quem lidará com aquilo que lhe é ensinado, articulará meios para assimilar o conhecimento que lhe é transmitido e retornará com resultados conforme o poder de absorção contido nele mesmo. O segundo elemento diz respeito ao objeto de conhecimento, que são os discursos textuais e linguísticos utilizados pelo aluno nas práticas sociais de linguagem; e, completando esse triângulo, temos por fim a ação do professor como mediador entre o sujeito (aluno) e o objeto (conhecimento). O professor deve proporcionar um ambiente escolar sem preconceitos, a fim de que o educando sinta-se à vontade para expressar-se oralmente e depois ensinar-lhe os diferentes usos da linguagem, segundo as situações comunicativas, sem valorizar ou desprezar as variedades. A mediação do professor nesse processo é indispensável para que o aluno obtenha segurança no aprendizado e no desenvolvimento do seu discurso. [...]

O ensino da Língua Portuguesa deve visar ao desenvolvimento da competência linguística do aluno, ou seja, a capacidade de o sujeito utilizar a língua de formas variadas e em diferentes contextos. Sendo assim, o plano de aula do professor, assim como o material didático por ele utilizado, deve contemplar uma diversidade de textos em relação ao gênero, à temática etc., para que possa de fato garantir a aprendizagem efetiva. O cuidado na seleção dos textos é de responsabilidade do professor, que deve sempre observar se há o favorecimento da reflexão crítica, de um raciocínio ilimitado, da liberdade de expressão, da capacidade de argumentação e do debate.

Se observados esses critérios, o professor-mediador estará abrindo a porta para o desenvolvimento da linguagem oral dos alunos, propondo situações didáticas em que eles desenvolvam a competência linguística nos diferentes níveis em que ela se apresenta. Para desenvolver a fala culta, por exemplo, pode-se propor à turma a realização de uma entrevista ou a reconstituição de um telejornal a que eles tenham assistido. O mais importante é observar que a apropriação e o domínio da linguagem, no âmbito da fala e da escrita, acontecem individual e naturalmente.

Os alunos em questão nessa dissertação dizem respeito àqueles que se encontram na faixa etária dos 11 aos 15 anos, compreendendo a fase da adolescência e da juventude. Os PCN, cientes dessa complicada e complexa fase, propõem um trabalho com a linguagem que contemple aspectos específicos dessa transição da adolescência à juventude pela qual os alunos estão passando, visando respeitar a série de emoções, conflitos e gostos aflorados ou repulsados nesse período. Nessa fase é importante trabalhar principalmente o processo de interlocução, ou em outras palavras, aprender a ouvir e refletir sobre a significância das próprias palavras, bem como das dos demais colegas. Conforme PCN, de 5ª a 8ª séries, pág. 47: "... ao ter consideração pelo dizer do outro, o que o aluno demonstra é consideração pelo outro".

Para o trabalho desenvolvido com essa faixa etária, no que diz respeito à Língua Portuguesa, os PCN apresentam diversos objetivos, os quais se espera sejam alcançados pelo aluno, norteando assim o caminho didático-metodológico do professor. Para o desenvolvimento da língua oral em sala de aula é preciso o planejamento de atividades sistemáticas de fala, escuta e reflexão sobre a língua.

Desenvolvimento

Nesta etapa do trabalho, realizamos, então, a análise do material, segundo os critérios propostos pela fundamentação teórica. No projeto reproduzido aqui, foi solicitado às alunas que dessem ênfase apenas à oralidade.

6 DESENVOLVIMENTO

Objetiva-se, neste capítulo, realizar a análise crítica do livro-texto escolhido. Observam-se os critérios dos PCN para a construção desse material didático e a fidelidade ou não aos Parâmetros por parte dos autores na construção deste.

6.1 A seleção de textos

Os textos selecionados pelos autores e que compõem o livro-texto visam alcançar os critérios citados, respeitando os diferentes gêneros. Apresentam textos que variam entre reportagens, fragmentos de obras literárias, fábulas, história em quadrinhos, poesias e textos publicitários. O uso dos textos nas atividades propostas proporciona ao aluno momentos de reflexão crítica.

6.1.1 Textos orais (linguagem oral)

Para cada capítulo, os autores propõem uma atividade oral, o que auxilia no desenvolvimento da comunicação entre as crianças. Os educandos ficam mais próximos da linguagem utilizada e possibilitam-se a diversificação e o compartilhamento de outras variações linguísticas, pois, quando se fala, tem-se o direito de utilizar o que é mais apropriado para o momento. Esse tipo de exercício é proposto de diferentes maneiras: em grandes grupos, em duplas, através de apresentações etc. Além desse objetivo, visa-se também à progressão oral dos alunos, ou seja, trabalhar a desinibição ao falar, desenvolver uma boa expressão oral e sanar problemas de dislexia.

6.1.2 Textos escritos (linguagem escrita)

Cada capítulo do livro traz uma proposta de redação distinta na temática e sugerindo sua realização de forma individual ou em dupla. Através dos trabalhos em grupos os alunos podem discutir ideias, debater opiniões, levantar argumentos sustentáveis à redação, compartilhar diferentes pontos de vista sobre o mesmo assunto e, assim, enriquecer a redação que será elaborada. A cada proposta de construção de texto escrito os autores procuram ajudar o aluno, através de uma introdução sobre o tema proposto, para que haja maior segurança e poder argumentativo no momento de redigir a redação. Essas atividades fazem com que o livro-texto leve o aluno a atingir os objetivos estabelecidos nos PCN.

6.1.3 Textos não verbais (linguagem não verbal)

As atividades que envolvem textos não verbais exigem um poder maior de abstração e interpretação por parte do aluno. Elas são interessantes e desafiadoras para se realizar em sala de aula, uma vez que o aluno deverá raciocinar e interligar a linguagem não verbal com todo o contexto em que está inserida e só depois poder dar sua interpretação. Isso exige dele muito mais do que somente escrever. Os exercícios contidos no livro-texto atingem esse princípio, mexendo com a criatividade dos alunos. As atividades são dinâmicas, contêm humor, são reflexivas e exigem raciocínio e poder de interpretação.

Confira o exemplo retirado do livro-texto, pág. 25, que está no capítulo de anexos do presente trabalho: Anexo 02.

6.2 O respeito à faixa etária: adolescência

No quesito "respeito à faixa etária", adolescência no caso em questão, os autores apresentam um material condizente, trabalhando com questões pertinentes à adolescência. A temática das atividades e textos é voltada à conscientização dos adolescentes a respeito da sexualidade, do uso de drogas, da autoestima, do amor, da cidadania e da conscientização ecológica, fazendo-os olhar tanto para dentro de si mesmos quanto para fora e para o próximo.

Confira o exemplo retirado do livro-texto, página 155, que se encontra no capítulo de anexos do presente trabalho: Anexo 03.

6.3 Os exercícios e as atividades propostas

6.3.1 Produção de textos escritos

Observando a necessidade de iniciar a elaboração do texto escrito por meio da linguagem oral, os autores propõem atividades de produção textual iniciando sempre com um diálogo realizado entre um colega de preferência ou através de um debate na turma. Nas atividades que exigem a criação de uma redação há um processo contínuo por parte do aluno entre o que escrever e como escrever. Os autores do livro-texto procuram facilitar o raciocínio do aluno, dando dicas, inserindo o aluno na temática abordada, proporcionando diálogo etc.

Confira o exemplo retirado do livro-texto, pág. 49, que se encontra no capítulo de anexos do presente trabalho: Anexo 04.

6.3.2 O uso de exercícios mecânicos

Há equilíbrio no tipo de exercício apresentado, não prioriza somente exercícios mecânicos, apesar de apresentar alguns. Essa variação possibilita ao professor trabalhar em sala de aula com exercícios distintos, visando alcançar diferentes objetivos em cada um deles, tanto utilizando a forma tradicional quanto as mais diversificadas, o que significa que os alunos terão livre acesso a diferentes formas de aprendizagem. Os exercícios que nomeamos aqui de "tradicionais" são aqueles em que o aluno aplica em determinadas sentenças o que aprendeu ao longo de um estudo dinâmico e compartilhado através do livro-texto. Nesse momento o professor tem fundamental importância como mediador do conhecimento; conforme se viu em capítulos anteriores no presente trabalho, ele deve estar atento para que a execução desse tipo de atividade não seja uma cobrança ou algo maçante, mas, sim, que seja uma oportunidade de o aluno expressar o que aprendeu e manifestar as dúvidas que persistiram. No mais, os exercícios propostos são sempre dinâmicos e interativos.

6.3.3 Nível de linguagem priorizado

Os alunos, ao entrarem na escola, já são capazes de perceber que as formas da língua apresentam variações e que há palavras e expressões que podem ou não ser utilizadas, dependendo do momento da enunciação ou do contexto em que se está inserido. Respeitando essa bagagem de conhecimento que o aluno já possui ao entrar na escola, as atividades e os textos, utilizados, no livro-texto de Maria Helena Correa e Celso Luft, apresentam diferentes níveis de linguagem, desde a língua culta até a gíria. No entanto, prioriza-se a linguagem culta em sua apresentação.

6.3.4 Desenvolvimento do hábito de leitura nas atividades

Sabendo-se que um hábito é criado após estímulos constantes, os autores contemplam o estímulo ao hábito da leitura em seu livro-texto ao, constantemente, propor atividades que principiam de um texto e vão para exercícios mais específicos, fazendo com que o aluno tenha de ler. Além disso, em cada finalização de capítulo os autores dão sugestões de leituras aos alunos; essas sugestões variam conforme a temática que se está trabalhando. No item chamado "Sugestões de Leitura" aparecem obras com seus respectivos autores e editoras. O livro traz ainda, ao final de alguns capítulos, textos como forma de leitura complementar para os alunos.

Confira a atividade, retirada da pág. 105 do livro-texto, que contempla este item no capítulo de anexos do presente trabalho: Anexo 05.

6.3.5 Ênfase no erro

Os autores procuram não enfatizar o erro, pelo contrário, estimulam os alunos a escreverem sem se preocupar com a correção para que a criatividade não seja limitada. Esse aspecto faz com que os alunos desenvolvam o gosto pela escrita e não fiquem atemorizados quanto a uma possível repreensão a respeito de erros gramaticais. A criatividade do aluno pode fluir de forma livre e espontânea. Na página 16 do livro-texto, temos um bom exercício para exemplificar este item. Nele, os autores esclarecem o objetivo do trabalho e dão autonomia ao aluno para que escrevam de forma que consigam colocar suas ideias no papel.

6.4 As diferenças culturais/contemplação das diferenças raciais

Um dos melhores exemplos que se pode tirar do livro-texto de Maria Helena Correa e Celso Luft a respeito das diferenças culturais e de como se pode trabalhar respeitando-as é o exercício que está na página 60, a qual segue anexa a este trabalho (Anexo 06).

Nessa atividade os autores procuram explorar um texto que fala da cultura originária da Região Nordeste: o "bumba-meu-boi", tendo o texto como base para desenvolver um trabalho com as diferentes culturas. Aproximando o texto à realidade do aluno, os autores criam um questionário em que o aluno tem a oportunidade de expressar oralmente o tipo de festa comemorada em sua região. Além dessa atividade, os autores sugerem leituras a respeito do folclore, das lendas e dos mitos brasileiros.

6.5 Presença de linha política ou ideológica subentendida pelos autores

Os autores não apresentam uma linha ideológica ou política no decorrer do livro-texto. No entanto, percebe-se que eles procuram ratificar a boa conduta dos alunos como cidadãos e da importância de se refletir sobre suas atitudes como sendo um bem para si mesmos e para a sociedade em que vivem. Atitudes sobre o caráter de um bom cidadão são constantemente trabalhadas. Através de questionamentos como: "O que você pode mudar?", "Tente definir o que é amor", "Qual a importância do jornal para o exercício da cidadania?" e "Que sonhos você pode repartir com os outros?", busca-se desenvolver o lado afetivo dos alunos e do papel de cada um deles como responsáveis cidadãos.

Conclusão

Praticamente, é a última etapa do trabalho. Fazemos aqui o depoimento das conclusões resultantes da análise realizada no desenvolvimento.

7 CONCLUSÃO

O desenvolvimento deste trabalho proporcionou a análise do livro didático conforme as diretrizes dos PCN. Essa análise é de fundamental importância para qualquer profissional da educação perceber as reais necessidades de haver um regulamento que auxilie no aprendizado dos alunos e norteie o trabalho do professor. Verificou-se, através dela, que o livro-texto deve tratar das funções da oralidade, possibilitando ao aluno desenvolver a capacidade de expressar-se. A análise, entre outras realizadas, proporcionou um novo entendimento no que diz respeito ao exercício da docência. É preciso que o professor adapte as atividades propostas no livro-texto à realidade dos alunos, respeitando suas peculiaridades. Essa adaptação parte de uma seleção criteriosa dos recursos didáticos, levando em conta se estes estão de acordo com os Parâmetros Curriculares Nacionais. Conforme a seleção realizada, os alunos terão pleno desenvolvimento na disciplina de Língua Portuguesa, pois o professor contará com um material rico didaticamente e que contempla as áreas necessárias a serem trabalhadas.

Ao término deste trabalho, é importante salientar o papel do educador não apenas como o provedor do conhecimento, mas como o construtor, junto ao aluno, do caminho para o conhecimento. E, nesse processo, o professor necessita aprender a usufruir do material didático que lhe é fornecido, tendo autonomia e sabedoria para a escolha certa dos recursos a serem utilizados em sala de aula. Em síntese, a pesquisa realizada contribui eficazmente para que tenhamos esse conhecimento e, a partir dele, coloquemos em prática um ensino de qualidade.

Bibliografia

Devemos relacionar todas as obras consultadas para a realização do trabalho.

---

8 REFERÊNCIAS BIBLIOGRÁFICAS

1. BRASIL. Ministério da Educação. Secretaria de Educação Fundamental. *Parâmetros Curriculares Nacionais*. Brasília: MEC, 1997.
2. ____. *Parâmetros Curriculares Nacionais*: Terceiro e Quarto Ciclos de Ensino Fundamental: Língua Portuguesa. Brasília: MEC, 1998.
3. CORREA, Maria Helena; LUFT, Celso Pedro. *A Palavra é Sua* – Língua Portuguesa. São Paulo: Scipione, 2001.
4. MARCUSCHI, Luiz. *Oralidade e letramento como práticas sociais*. Fala e escrita. 1. ed. Belo Horizonte: Autêntica, 2005.

Anexos

Os anexos, quando houver, devem ser incluídos após a bibliografia do trabalho.

Para concluirmos nosso trabalho, vamos convidá-lo a desenvolver um breve anteprojeto em que os conteúdos estudados devem ser aplicados.

Atividade

Forme pequenos grupos de estudo, elabore um projeto de análise de um livro-texto adotado em sua comunidade e, após sua realização, discuta-o com seu tutor. Não se esqueça de obedecer à metodologia proposta neste capítulo.

(9)

Temas transversais:
uma proposta metodológica

Vanessa Loureiro Correa é mestre em Linguística Aplicada pela Pontifícia Universidade Católica do Rio Grande do Sul (PUCRS). Tem experiência nas áreas de gestão de pessoas e ensino de letras.

Vanessa Loureiro Correa

A preocupação do MEC com a qualidade de ensino se tornou evidente após a elaboração dos Parâmetros Curriculares Nacionais (PCN) de ensino fundamental e de ensino médio. Nesses documentos, tão importantes para o embasamento metodológico de professores desses dois níveis de ensino, encontramos sugestões de atividades para o ensino da língua materna e muitas reflexões sobre ela, uma vez que essas duas etapas educacionais têm como objetivo principal formar os alunos para a cidadania. Entre esses documentos, temos um que é específico para os temas transversais. Logo, torna-se relevante falarmos sobre eles, conceituando-os, caracterizando-os e fazendo sua aplicação prática em um projeto.

(9.1)
Aspectos teóricos relativos aos temas transversais

As novas análises metodológicas propõem um ensino contextualizado, a fim de que o aluno realmente aprenda, e não apenas memorize. É importante que exista um tema a perpassar toda uma unidade de ensino, e não vários assuntos, como temos nos livros didáticos utilizados nas escolas.

Os temas transversais foram propostos para complementar a prática docente, uma vez que oferecem temas a serem trabalhados e servem para despertar a cidadania nos alunos. Nos PCN que apresentam os temas transversais, há as seguintes questões selecionadas para serem usadas transversalmente: ética, meio ambiente, pluralidade cultural, saúde, orientação sexual, trabalho e consumo.

Os critérios usados para a escolha desses temas são os que seguem:

> URGÊNCIA SOCIAL
> *Esse critério indica a preocupação de eleger como Temas Transversais questões graves, que se apresentam como obstáculos para a concretização da plenitude da cidadania, afrontando a dignidade das pessoas e deteriorando sua qualidade de vida.*

ABRANGÊNCIA NACIONAL
Por ser um parâmetro nacional, a eleição dos temas buscou contemplar questões que, em maior ou menor medida, e mesmo de formas diversas, fossem pertinentes a todo o país. Isso não exclui a possibilidade e a necessidade de que as redes estaduais e municipais, e mesmo as escolas, acrescentem outros temas relevantes à sua realidade.
POSSIBILIDADE DE ENSINO E APRENDIZAGEM NO ENSINO FUNDAMENTAL
Esse critério norteou a escolha de temas ao alcance da aprendizagem nessa etapa da escolaridade. A experiência pedagógica brasileira, ainda que de modo não uniforme, indica essa possibilidade, em especial no que se refere à Educação para a Saúde, à Educação Ambiental e à Orientação Sexual, já desenvolvidas em muitas escolas.
FAVORECER A COMPREENSÃO DA REALIDADE E A PARTICIPAÇÃO SOCIAL
A finalidade última dos Temas Transversais se expressa neste critério: que os alunos possam desenvolver a capacidade de posicionar-se diante das questões que interferem na vida coletiva, superar a indiferença e intervir de forma responsável. Assim os temas eleitos, em seu conjunto, devem possibilitar uma visão ampla e consistente da realidade brasileira e sua inserção no mundo, além de desenvolver um trabalho educativo que possibilite uma participação social dos alunos.
(Brasil, 1998b, p. 25-26)

Como podemos ver, esses critérios são o bastante para a escolha de tais temas. A urgência social, por exemplo, é um fato, uma vez que estamos carentes de um trabalho de maior alcance no que se refere aos temas apontados, tendo em vista que os acontecimentos nacionais, tanto positivos quanto negativos, perpassam por essas questões. Também tratar de ética e orientação sexual é fácil e atual em qualquer parte do Brasil.

É importante que vejamos nos temas transversais a possibilidade de implementarmos a verdadeira interdisciplinaridade. Nos PCN, a proposta de trabalho com tais temas se baseia em quatro pontos:

- *os temas não constituem novas áreas, pressupondo um tratamento integrado nas diferentes áreas [sociais];*
- *a proposta de transversalidade traz a necessidade de a escola refletir e atuar conscientemente na educação de valores e atitudes em todas as áreas, garantindo que a perspectiva político-social se expresse no direcionamento do trabalho pedagógico; influencia a definição de objetivos educacionais e orienta eticamente as questões epistemológicas mais gerais das áreas, seus conteúdos e, mesmo, as orientações didáticas;*
- *a perspectiva transversal aponta uma transformação da prática pedagógica, pois rompe o confinamento da atuação dos professores às atividades pedagogicamente formalizadas e amplia a responsabilidade com a formação dos alunos. Os Temas Transversais permeiam necessariamente toda a prática educativa que abarca relações entre os alunos, entre professores e alunos e entre diferentes membros da comunidade escolar;*
- *a inclusão dos temas implica a necessidade de um trabalho sistemático e contínuo no decorrer de toda a escolaridade, o que possibilitará um tratamento cada vez mais aprofundado das questões eleitas. Por exemplo, se é desejável que os alunos desenvolvam uma postura de respeito às diferenças, é fundamental que isso seja tratado desde o início da escolaridade e que continue sendo tratado cada vez com maiores possibilidades de reflexão, compreensão e autonomia. Muitas vezes essas questões são vistas como sendo da "natureza" dos alunos (eles são ou não são respeitosos), ou atribuídas ao fato de*

terem tido ou não essa educação em casa. Outras vezes são vistas como aprendizados possíveis somente quando jovens (maiores) ou quando adultos. Sabe-se, entretanto, que é um processo de aprendizagem que precisa de atenção durante toda a escolaridade, e que a contribuição da educação escolar é de natureza complementar à familiar: não se excluem nem se dispensam mutuamente. (Brasil, 1998b, p. 28-29)

Os proponentes dos temas transversais viram nesse projeto muito mais do que somente a possibilidade de preparar o jovem para a cidadania; o objetivo foi permitir ao profissional do ensino ir além do que propõe o projeto político-pedagógico da escola. Trata-se de uma boa oportunidade para dar aulas menos tradicionais e mais atualizadas. Outro aspecto importante é perceber que a escola não pode isentar a família de sua responsabilidade como educadora, cabendo a esta última o dever de trabalhar os temas com seus filhos. O interessante seria que família e escola abordassem juntas os temas, tendo até mesmo um papel dentro dos projetos elaborados pelo professor.

Mais uma vez, constatamos nos PCN a importância de um trabalho interdisciplinar, a fim de que o aluno possa aprofundar, em várias áreas do conhecimento, os temas abordados. Sobre isso atentemos para o seguinte:

Na prática pedagógica, interdisciplinaridade e transversalidade alimentam-se mutuamente, pois o tratamento das questões trazidas pelos Temas Transversais expõe as inter-relações entre os objetos de conhecimento, de forma que não é possível fazer um trabalho pautado na transversalidade tomando--se uma perspectiva disciplinar rígida. A transversalidade promove uma compreensão abrangente dos diferentes objetos de conhecimento, bem como a percepção da implicação do sujeito de conhecimento na sua produção, superando a dicotomia entre ambos. Por essa mesma via, a transversalidade abre espaço para a inclusão de saberes extraescolares, possibilitando a referência a sistemas de significados construídos na realidade dos alunos. (Brasil, 1998b, p. 30)

Se pensarmos nas áreas do conhecimento como áreas convencionais e obrigatórias, os temas transversais oportunizam que aspectos sociais sejam abordados nas disciplinas. Não há dúvidas de que nossos alunos, de uma forma ou de outra, vivenciam todos os assuntos relacionados aos temas selecionados. Podemos, no entanto, mostrar, adequada e cientificamente, o que é cada um deles, quais são suas características, como e por que ocorrem, os ônus e os bônus de cada um e apontar para possíveis soluções. É importante que tanto o professor quanto a escola fujam de uma abordagem moralista e religiosa, pois nesse caso – certamente – teríamos o desinteresse do jovem pelos assuntos desenvolvidos em sala de aula.

É relevante que pensemos em um trabalho com projetos direcionados a cada um dos temas. Sobre esse aspecto esclarecem os PCN (Brasil, 1998b, p. 41):

Os projetos são uma das formas de organizar o trabalho didático, que pode integrar diferentes modos de organização curricular. Pode ser utilizado, por exemplo, em momentos específicos do desenvolvimento curricular de modo a envolver mais de um professor e uma turma, articular o trabalho de várias áreas, ou realizar-se no interior de uma única área.

A organização dos conteúdos em torno dos projetos, como forma de desenvolver atividades de ensino e aprendizagem, favorece a compreensão da multiplicidade de aspectos que compõem a realidade, uma vez que permite a articulação de contribuições de diversos campos de conhecimento. Esse tipo de organização permite que se dê relevância às questões dos

Temas Transversais, pois os projetos podem se desenvolver em torno deles e serem [sic] direcionados por metas objetivas, com a produção de algo que sirva como instrumento de intervenção nas situações reais (como um jornal, por exemplo). Professores e alunos compartilham os objetivos do trabalho e os conteúdos são organizados em torno de uma ou mais questões. Uma vez definido o aspecto específico de um tema, os alunos têm a possibilidade de usar o que já sabem sobre o assunto; buscar novas informações e utilizar os conhecimentos e os recursos oferecidos pelas diversas áreas para dar um sentido amplo à questão.

Elaborar um projeto, desenvolvê-lo e relatar os seus resultados não é uma tarefa fácil. No entanto, só aprenderemos a fazê-lo se começarmos a elaborar mais de um projeto por ano. Muitas escolas têm o seu modelo próprio, outras precisam de sugestões para que tenham um padrão. A seguir, apresentamos um modelo, que pode ser adaptado para cada realidade.

NOME DO PROJETO:
AUTOR(ES):
DATA:
PÚBLICO-ALVO:
PERÍODO:
JUSTIFICATIVA:
SUSTENTAÇÃO TEÓRICA:
METODOLOGIA:
CRONOGRAMA:
APRESENTAÇÃO DOS RESULTADOS FINAIS:

A escola pode optar por um projeto geral e, dentro deste, por um projeto de cada disciplina para cada tema. Nos projetos de cada conteúdo, não é necessário exigir sustentação teórica. As referências bibliográficas servem para que o professor informe de onde tirou os textos e as técnicas, no caso de esses itens não serem originais. Vamos apresentar, na sequência, um projeto para a disciplina de Língua Portuguesa, tratando – em relação ao tema "orientação sexual" – sobre gravidez na adolescência. Cada quadro reproduzido representa uma folha do projeto, para que possamos demonstrar como ele ficaria de fato.

GRAVIDEZ NA ADOLESCÊNCIA E SUAS IMPLICAÇÕES
NA VIDA DOS JOVENS PAIS

Vanessa Loureiro Correa

Canoas, agosto de 2008

---

1 INFORMAÇÕES GERAIS

Público-alvo: alunos de ensino fundamental

Período: primeiro semestre do ano de 2012

Justificativa:

Tendo em vista o grande número de adolescentes grávidas nos dias atuais, urge que a escola reflita com os alunos acerca do tema. Muitos pré--adolescentes e adolescentes não sabem como se prevenir e – principalmente – por que se prevenir, a fim de evitar, especificamente para este projeto, uma gravidez. É papel da sociedade como um todo mostrar o que é engravidar, o que fazer para evitar filhos e em que momento tê-los. A escola e o professor, ambos presentes na vida dos alunos, juntamente com os pais, devem elaborar estratégias que oportunizem a reflexão sobre o tema, caminhando para uma prática sexual consciente e responsável.

---

2 METODOLOGIA

Para a execução deste projeto, empregaremos a seguinte metodologia:
- Pesquisa bibliográfica, por parte dos alunos e do professor, acerca do tema;
- Leitura de materiais que tratem sobre o tema;
- Pesquisa de campo sobre adolescentes grávidas e mães que fazem parte da nossa comunidade;
- Pesquisa de campo sobre as características de crianças que são filhos de pais adolescentes;
- Pesquisa de campo e bibliográfica sobre a mudança ocorrida na vida dos pais adolescentes por causa da gravidez;
- Elaboração de informativos sobre os temas pesquisados para os alunos da escola;
- Elaboração de um *site* acerca de gravidez na adolescência e suas implicações;
- Palestras com especialistas na área: médicos, psicólogos, advogados e pediatras;
- Apresentação do relatório final para todos os setores e turmas da escola, com mostra do *site* e distribuição dos informativos.

3 CRONOGRAMA

MARÇO:
- Pesquisa bibliográfica, por parte dos alunos e do professor, acerca do tema;
- leitura de materiais que tratem sobre o tema.

ABRIL:
- Pesquisa de campo sobre adolescentes grávidas e mães que fazem parte da nossa comunidade;
- Pesquisa de campo sobre as características de crianças que são filhos de pais adolescentes;
- Pesquisa de campo e bibliográfica sobre a mudança ocorrida na vida dos pais adolescentes por causa da gravidez.

MAIO:
- Levantamento dos dados adquiridos na pesquisa;
- Elaboração de informativos sobre os temas pesquisados para os alunos da escola.

JUNHO:
- Elaboração de um *site* acerca de gravidez na adolescência e suas implicações.

JULHO:
- Palestras com especialistas na área: médicos, psicólogos, advogados e pediatras.

AGOSTO:
- Apresentação do relatório final para todos os setores e turmas da escola, com mostra do *site* e distribuição dos informativos.

4 APRESENTAÇÃO DOS RESULTADOS FINAIS

Todos os resultados das pesquisas, bibliográficas ou de campo, bem como os textos das palestras e dos informativos e o *site* serão apresentados em um relatório. Este será elaborado quando todas as etapas forem concluídas e o material for reunido para a escritura do relatório.

O documento será entregue à escola, ao professor e aos alunos, para que todos tenham o resultado final do projeto e possam, futuramente, aprofundá-lo e melhorá-lo.

5 REFERÊNCIAS BIBLIOGRÁFICAS

Listar, de acordo com a ABNT – Associação Brasileira de Normas Técnicas – todos os livros, os artigos, os *sites*, as revistas e os jornais utilizados nas pesquisas e nos materiais escritos.

A proposta é possível de ser aplicada em qualquer série, de qualquer região brasileira, atendendo, assim, aos critérios anteriormente expostos. Não é aconselhável trabalhar com um mesmo tema o ano inteiro, pois isso poderia desgastá-lo, tornando os alunos desinteressados pelo aprofundamento do assunto. Não podemos esquecer que estamos lidando com alunos acostumados com um mundo em que as notícias mudam a cada clique. Logo, assim como a internet e outros tantos recursos tecnológicos a que os alunos têm acesso, temos de ser rápidos, claros, objetivos e criativos a cada projeto.

Atividades

1. Os temas transversais foram selecionados de acordo com os seguintes critérios:
   a. abrangência nacional, possibilidade de ensino e aprendizagem no ensino fundamental e favorecer a compreensão da realidade e a participação social.
   b. urgência social, abrangência nacional e favorecer a compreensão da realidade e a participação social.
   c. urgência social, abrangência nacional, possibilidade de ensino e aprendizagem no ensino fundamental e favorecer a compreensão da realidade e a participação social.
   d. possibilidade de ensino e aprendizagem no ensino fundamental e favorecer a compreensão da realidade e a participação social.

2. A organização dos conteúdos em torno de projetos como forma de desenvolver atividades de ensino e aprendizagem favorece:
   a. a leitura dos mundos possíveis em que vivemos.
   b. a compreensão da multiplicidade de aspectos que compõem a realidade, uma vez que permite a articulação de contribuições de diversos campos do conhecimento.
   c. a imersão intuitiva nos problemas sociais.
   d. o trabalho sobre um determinado conteúdo, sem relação com as demais áreas do conhecimento.

3. A transversalidade promove uma compreensão abrangente dos diferentes objetos de conhecimento, bem como:
   a. a percepção da implicação do sujeito de conhecimento na sua produção, superando a dicotomia entre ambos.
   b. a não implicação do sujeito nos temas abordados.
   c. a pouca responsabilidade da escola com os temas transversais.
   d. o ensino por áreas convencionadas.

4. Temos as seguintes questões selecionadas para serem usadas como temas transversais:
   a. meio ambiente, trabalho e consumo e ética.
   b. trabalho e consumo, ética e orientação sexual.
   c. ética, pluralidade cultural, saúde e orientação sexual.
   d. ética, meio ambiente, pluralidade cultural, saúde, orientação sexual, trabalho e consumo.

5. No que se refere à abordagem dos temas transversais, eles devem ser de responsabilidade:
   a. da família somente.
   b. da escola somente.
   c. dos amigos somente.
   d. da sociedade como um todo, principalmente da família e da escola.

(10)

Linguística aplicada:
uma proposta metodológica

Vanessa Loureiro Correa

A linguística é uma ciência que estuda a linguagem verbal humana e que tem por objetivo descrever a língua, e não prescrevê-la. A proposta, nessa ciência, é que o professor leve os alunos a uma reflexão acerca dos fenômenos linguísticos e pare de valorizar apenas uma variante da língua. Tudo isso, porém, é muito difícil, pois fomos educados em um sistema em que só vale o que está escrito na gramática tradicional.

Este capítulo abordará conceitos tratados na linguística que possam ser utilizados com os alunos de forma democrática e científica.

Para cada conteúdo, apresentaremos um plano de ensino e as atividades nele contidas, a fim de que possam ser empregados, futuramente, em salas de aula de todas as regiões brasileiras.

(10.1)
A variação linguística no tempo e no espaço

O aluno precisa perceber que a língua não é a mesma, nem ao longo dos tempos, nem nos diferentes espaços, principalmente geográficos. Para isso, podemos desenvolver a atividade reproduzida a seguir.

PLANO DE ENSINO

Título: Trecho do livro *Memórias póstumas de Brás Cubas*; trecho da Carta de Pero Vaz de Caminha; trecho do texto "Árvore dos Problemas"

Objetivos:

Objetivo geral:

– Observar a variação linguística no tempo e no espaço.

Objetivos específicos:

– Compreender o texto.

– Interpretar o texto.

– Identificar a variação linguística no tempo e no espaço.

Metodologia:
– Leitura do texto.
– Perguntas de compreensão e interpretação textuais.
– Estudo dos tipos de variação linguística nos textos dados.
– Pesquisa acerca das várias maneiras de se comunicar usadas por tribos, como surfistas, emos, funkeiros, pagodeiros, entre outros.

Recursos materiais:
– Xerox, MUC (material de uso comum), internet, revistas e jornais.

Memórias póstumas de Brás Cubas

Que Stendhal confessasse haver escrito um de seus livros para cem leitores, cousa é que admira e consterna. O que não admira, nem provavelmente consternará é se este outro livro não tiver os cem leitores de Stendhal, nem cinquenta, nem vinte; e quando muito, dez. Dez? Talvez cinco. Trata-se, na verdade, de uma obra difusa, na qual eu, Brás Cubas, se adotei a forma livre de um Sterne, ou de um Xavier de Maistre, não sei se lhe meti algumas rabugens de pessimismo. Pode ser. Obra de finado. Escrevi-a com a pena da galhofa e a tinta da melancolia, e não é difícil antever o que poderá sair desse conúbio. Acresce que a gente grave achará no livro umas aparências de puro romance, ao passo que a gente frívola não achará nele o seu romance usual, ei-lo aí fica privado da estima dos graves e do amor dos frívolos, que são as duas colunas máximas da opinião.

Fonte: Machado de Assis, 2009.

A Carta

Senhor,

posto que o Capitão-mor desta Vossa frota, e assim os outros capitães escrevam a Vossa Alteza a notícia do achamento desta Vossa terra nova, que se agora nesta navegação achou, não deixarei de também dar disso minha conta a Vossa Alteza, assim como eu melhor puder, ainda que – para o bem contar e falar – o saiba pior que todos fazer!

Todavia tome Vossa Alteza minha ignorância por boa vontade, a qual bem certo creia que, para aformosentar nem afear, aqui não há de pôr mais do que aquilo que vi e me pareceu.

Da marinhagem e das singraduras do caminho não darei aqui conta a Vossa Alteza – porque o não saberei fazer – e os pilotos devem ter este cuidado.

E portanto, Senhor, do que hei de falar começo:

E digo que:

A partida de Belém foi – como Vossa Alteza sabe, segunda-feira 9 de março. E sábado, 14 do dito mês, entre as 8 e 9 horas, nos achamos entre as Canárias, mais perto da Grande Canária. E ali andamos todo aquele dia em calma, à vista delas, obra de três a quatro léguas. E domingo, 22 do dito mês, às dez horas mais ou menos, houvemos vista das ilhas de Cabo Verde, a saber da ilha de São Nicolau, segundo o dito de Pero Escolar, piloto.

Na noite seguinte à segunda-feira amanheceu, se perdeu da frota Vasco de Ataíde com a sua nau, sem haver tempo forte ou contrário para poder ser!

Fez o capitão suas diligências para o achar, em umas e outras partes. Mas... não apareceu mais!

E assim seguimos nosso caminho, por este mar de longo, até que terça-feira das Oitavas de Páscoa, que foram 21 dias de abril, topamos alguns sinais de terra, estando da dita Ilha – segundo os pilotos diziam, obra de 660 ou 670 léguas – os quais eram muita quantidade de ervas compridas, a que os mareantes chamam botelho, e assim mesmo outras a que dão o nome de rabo-de-asno. E quarta-feira seguinte, pela manhã, topamos aves a que chamam furabuchos.

Neste mesmo dia, a horas de véspera, houvemos vista de terra! A saber, primeiramente de um grande monte, muito alto e redondo; e de outras serras mais baixas ao sul dele; e de terra chã, com grandes arvoredos; ao qual monte alto o capitão pôs o nome de O Monte Pascoal e à terra A Terra de Vera Cruz!

Fonte: Caminha, 2009.

Árvore dos Problemas

Esta é uma história de um homem que contratou um carpinteiro para ajudar a arrumar algumas coisas na sua fazenda. O primeiro dia do carpinteiro foi bem difícil. O pneu do seu carro furou. A serra elétrica quebrou. Cortou o dedo. E ao final do dia, o seu carro não funcionou. O homem que contratou o carpinteiro ofereceu uma carona para casa. Durante o caminho, o carpinteiro não falou nada.

Quando chegaram a sua casa, o carpinteiro convidou o homem para entrar e conhecer a sua família. Quando os dois homens estavam se encaminhando para a porta da frente, o carpinteiro parou junto a uma pequena árvore e gentilmente tocou as pontas dos galhos com as duas mãos.

Depois de abrir a porta da sua casa, o carpinteiro transformou-se. Os traços tensos do seu rosto transformaram-se em um grande sorriso, e ele abraçou os seus filhos e beijou a sua esposa. Um pouco mais tarde, o carpinteiro acompanhou a sua visita até o carro. Assim que eles passaram pela árvore, o homem perguntou:

– Por que você tocou na planta antes de entrar em casa?

– Ah! Esta é a minha Árvore dos Problemas.

– Eu sei que não posso evitar ter problemas no meu trabalho, mas esses problemas não devem chegar até os meus filhos e minha esposa. Então, toda noite, eu deixo os meus problemas nesta Árvore quando chego em casa e os pego no dia seguinte. E você quer saber de uma coisa? Toda manhã, quando eu volto para buscar os meus problemas, eles não são nem metade do que eu me lembro de ter deixado na noite anterior.

Fonte: Árvore..., 2009.

A partir da leitura desses textos, o professor deve pedir aos alunos que discutam a diferença entre a linguagem empregada nos três casos. Depois, deve fazer uma reflexão acerca da variação linguística no tempo. Por fim, os alunos podem pesquisar termos e expressões que mudaram com o passar do tempo ou que existiram e não mais existem.

(10.2)
A economia linguística

Muitas vezes, o falante nativo se queixa do número de regras e palavras que precisa aprender, a fim de que se expresse ao longo da vida. Contudo, ninguém percebe que a língua é extremamente econômica, tanto no que se refere ao vocabulário quanto no que diz respeito às regras. Vamos ver como podemos mostrar isso fazendo uso da atividade sugerida a seguir.

PLANO DE ENSINO

Título: A economia linguística

Objetivos:

Objetivo geral:

– Demonstrar a economia linguística nas línguas.

Objetivos específicos:

– Perceber que a língua é um sistema de signos.

– Mostrar que as línguas se organizam de forma econômica.

– Refletir sobre o uso linguístico.

Metodologia:

– O professor divide a turma em duplas, sendo que cada dupla tem de ter um dicionário.

– O professor entrega uma palavra, colocada dentro de um envelope, para cada dupla.

– Os alunos têm de pesquisar palavras que tenham o mesmo radical, mas que remetam a signos diferentes, conforme Anexo 1.

– Terminada a tarefa, o professor distribui mais uma palavra, solicitando a troca de um determinado som por outros que formem palavras com sentidos diferentes, conforme Anexo 2.

– Com o término da tarefa, o professor discute a economia linguística com os alunos.

Recursos materiais:

– Xerox, dicionário e MUC.

Anexo 1

Palavras do envelope: *casa, menino, homem, mulher, flor, casa.*

Obs.: Nesta atividade, os alunos acrescentam prefixos e sufixos aos radicais das palavras, de tal maneira que formem signos diferentes. Ex.: *menino, menina, meninos, meninas, menininho...*

Anexo 2

Palavras do envelope: *p̲ato, b̲ala, cam̲a, d̲or.*

Obs.: Nesta atividade, os alunos precisam trocar o som sublinhado por outro, de tal forma que, nesta troca, novas palavras sejam formadas. Ex.: *pato, bato, cato, dato, fato, gato, jato, lato, mato, nato, rato, tato.*

Essas são algumas das atividades que podem ajudar o aluno e o próprio profissional da área de letras a encontrar mais sentido nas aulas de Língua Portuguesa, uma vez que associam o ensino a uma forma mais moderna de ensinar a língua materna.

Atividades

1. O ensino da língua materna deve valorizar:
   a. a memorização.
   b. a "decoreba".
   c. somente a leitura de conteúdo.
   d. a reflexão acerca dos fenômenos linguísticos.

2. Os conteúdos teóricos ensinados ao longo do curso de Letras:
   a. não devem ser levados para a sala de aula no ensino fundamental e no ensino médio.
   b. devem ser levados para a sala de aula no ensino fundamental e no ensino médio, com a mesma proposta do ensino superior.
   c. devem ser levados para a sala de aula no ensino fundamental e no ensino médio, desde que adaptados à realidade dos alunos.
   d. devem mostrar aos alunos do ensino fundamental e do ensino médio que o professor é a fonte do conhecimento.

3. Em sala de aula, os conteúdos de linguística proporcionam:
   a. um ensino da língua materna mais adequado à realidade do falante nativo.
   b. pouca melhoria ao ensino da língua materna.
   c. dificuldade à compreensão do aluno acerca da aprendizagem da língua materna.
   d. um ensino equivocado da língua materna, uma vez que na linguística não há certo ou errado.

4. A reflexão acerca dos fenômenos linguísticos faz com que o aluno:
   a. não aprenda a gramática normativa.
   b. entenda melhor o funcionamento do próprio sistema linguístico.
   c. memorize melhor as regras da língua.
   d. não escreva com coesão e coerência.

5. Mostrar ao aluno que a língua não é a mesma no tempo e no espaço ajuda-o a:
   a. aprender a gramática normativa.
   b. confundir o funcionamento do próprio sistema linguístico.
   c. memorizar melhor as regras da língua.
   d. diminuir o preconceito linguístico.

Referências

ÁRVORE dos problemas. Disponível em: <http://www.metaforas.com.br/metaforas/metaf20031115.asp>. Acesso em: 9 fev. 2009.

BAGNO, Marcos. *Português ou brasileiro?*: um convite à pesquisa. 4. ed. São Paulo: Parábola, 2004.

BAKHTIN, Mikhail. *Marxismo e filosofia da linguagem*. 8. ed. São Paulo: Hucitec, 1997.

BEAUGRANDE, Robert-Alain de; DRESSLER, Wolfgang Ulrich. *Introducción a la lingüística del texto*. Barcelona: Ariel, 1997.

BENTES, Anna Christina. Linguística textual. In: MUSSALIM, Fernanda; BENTES, Anna Christina (Org.). *Introdução à linguística*. São Paulo: Cortez, 2001. p. 245-285. (Domínios e fronteiras, v. 1)

BENVENISTE, Émile. *Problemas de linguística geral*. São Paulo: Nacional, 1976. v. 1.

BRASIL. Constituição (1988). *Diário Oficial [da] República Federativa do Brasil*, Brasília, DF, 5 out. 1988.

____. Lei n. 5.692, de 11 de agosto de 1971. *Diário Oficial da União*, Poder Legislativo, Brasília, DF, 12 ago. 1971. p. 6.377. Disponível em: <http://www.planalto.gov.br/Ccivil_03/Leis/L5692.htm>. Acesso em: 3 fev. 2009.

____. Lei n. 9.394, de 20 de dezembro de 1996. *Diário Oficial da União*, Poder Legislativo, Brasília, DF, 23 dez. 1996. p. 27.833. Disponível em: <http://www.planalto.gov.br/ccivil_03/LEIS/l9394.htm>. Acesso em: 3 fev. 2009.

BRASIL. Lei n. 11.274, de 6 de fevereiro de 2006. *Diário Oficial da União*, Poder Legislativo, Brasília, DF, 7 fev. 2006a. Disponível em: <http://www.planalto.gov.br/ccivil_03/_Ato2004-2006/2006/Lei/L11274.htm>. Acesso em: 3 fev. 2009.

BRASIL. Ministério da Educação. *Orientações Curriculares para o Ensino Médio*: Linguagens, Códigos e suas Tecnologias. Brasília, 2008. v. 1.

_____. *Parâmetros Curriculares Nacionais para o Ensino Médio*: Bases Legais. Parte I. Brasília, 2000a. Disponível em: <http://portal.mec.gov.br/seb/arquivos/pdf/blegais.pdf>. Acesso em: 5 fev. 2009.

_____. *Parâmetros Curriculares Nacionais para o Ensino Médio*: Linguagens, Códigos e suas Tecnologias. Parte II. Brasília, 2000b. Disponível em: <http://portal.mec.gov.br/seb/arquivos/pdf/14_24.pdf>. Acesso em: 5 fev. 2009.

_____. *PCN+Ensino Médio*: Orientações Educacionais Complementares aos Parâmetros Curriculares Nacionais – Linguagens, Códigos e suas Tecnologias. Brasília, 2002. Disponível em: <http://portal.mec.gov.br/seb/arquivos/pdf/linguagens02.pdf>. Acesso em: 26 jan. 2009.

BRASIL. Ministério da Educação. Conselho Nacional de Educação. Câmara de Educação Básica. Parecer n. 15, de 1º de junho de 1998. Relatora: Guiomar Namo de Mello. *Diário Oficial da União*, Brasília, DF, 26 jun. 1998a. Disponível em: <http://portal.mec.gov.br/cne/arquivos/pdf/pceb15_98.pdf>. Acesso em: 4 fev. 2009.

BRASIL. Ministério da Educação. Secretaria de Educação Básica. *Ensino fundamental de nove anos*: orientações para a inclusão da criança de seis anos de idade. Brasília, 2006b. Disponível em: <http://portal.mec.gov.br/seb/arquivos/pdf/Ensfund/ensifund9anobasefinal.pdf>. Acesso em: 26 jan. 2009.

BRASIL. Ministério da Educação. Secretaria de Educação Fundamental. *Parâmetros Curriculares Nacionais*: Terceiro e Quarto Ciclos – Apresentação dos Temas Transversais. Brasília, 1998b. Disponível em: <http://portal.mec.gov.br/seb/arquivos/pdf/ttransversais.pdf>. Acesso em: 26 jan. 2009.

_____. *Parâmetros Curriculares Nacionais*: Introdução aos Parâmetros Curriculares Nacionais. Brasília, 1997a. v. 1.

_____. *Parâmetros Curriculares Nacionais*: Língua Portuguesa. Brasília, 1997b. v. 2. Disponível em: <http://portal.mec.gov.br/seb/arquivos/pdf/livro02.pdf>. Acesso em: 26 jan. 2009.

_____. *Parâmetros Curriculares Nacionais*: Terceiro e Quarto Ciclos – Introdução aos Parâmetros Curriculares Nacionais. Brasília, 1998c. Disponível em: <http://portal.mec.gov.br/seb/arquivos/pdf/introducao.pdf>. Acesso em: 3 fev. 2009.

BRASIL. *Parâmetros Curriculares Nacionais*: Terceiro e Quarto Ciclos – Língua Portuguesa. Brasília, 1998d. Disponível em: <http://portal.mec.gov.br/seb/arquivos/pdf/portugues.pdf>. Acesso em: 3 fev. 2009.

CAGLIARI, Luiz Carlos. *Alfabetização e linguística*. 10. ed. São Paulo: Scipione, 1997.

CÂMARA JUNIOR, Joaquim Mattoso. *Estrutura da língua portuguesa*. Petrópolis: Vozes, 1996.

_____. *Problemas de linguística descritiva*. Petrópolis: Vozes, 1970.

CAMINHA, Pero Vaz de. *A Carta*. Disponível em: <http://www.dominiopublico.gov.br/download/texto/bv000292.pdf>. Acesso em: 6 fev. 2009.

CARBONI, Florence. *Introdução à linguística*. Belo Horizonte: Biblioteca Universitária Autêntica, 2008.

CUNHA, Sérgio Fraga da et al. *Tecendo textos*. 2. ed. rev. e ampl. Canoas: Ed. da Ulbra, 2000.

DUBOIS, Jean et al. *Dicionário de linguística*. São Paulo: Cultrix, 2002.

FERREIRA, Aurélio Buarque de Holanda. *Aurélio*: o dicionário da língua portuguesa. Curitiba: Positivo, 2008.

FLORES, Onici; VERNES, Isabel. *O peso das palavras*: estudo morfológico funcionalista. Canoas: Ed. da Ulbra, 2004.

GERALDI, João Wanderley. *Portos de passagem*. 4. ed. São Paulo: M. Fontes, 1997.

_____. Unidades básicas do ensino de português. In: GERALDI, João Wanderley (Org.). *O texto na sala de aula*. 4. ed. São Paulo: Ática, 2006. p. 59-79.

KAUFMAN, Ana Maria; RODRIGUEZ, Maria Helena. *Escola, leitura e produção de textos*. Porto Alegre: Artes Médicas, 1995.

KENEDY, E. Gerativismo. In: MARTELOTTA, Mário Eduardo (Org.). *Manual de linguística*. São Paulo: Contexto, 2008. p. 127-140.

KOCH, Ingedore G. V. *A inter-ação pela linguagem*. São Paulo: Contexto, 1992.

_____. *Desvendando os segredos do texto*. São Paulo: Cortez, 2002.

_____. *Introdução à linguística textual*: trajetória e grandes temas. São Paulo: M. Fontes, 2004.

_____. *O texto e a construção dos sentidos*. São Paulo: Contexto, 2003.

LAROCA, Maria Nazaré de Carvalho. *Manual de morfologia do português*. Campinas: Pontes; Juiz de Fora: Ed. da UFJF, 1974.

LEDUR, Paulo Flávio. *Jornal Zero Hora*. Porto Alegre, 16 fev. 1996.

LEITE, Lígia Chiappini de Moraes. Gramática e literatura: desencontros e esperanças. In: GERALDI, João Wanderley (Org.). *O texto na sala de aula*. 4. ed. São Paulo: Ática, 2006. p. 17-25.

MACHADO DE ASSIS, Joaquim Maria.

Memórias póstumas de Brás Cubas. Disponível em: <http://www.dominiopublico.gov.br/download/texto/bn000167.pdf>. Acesso em: 6 fev. 2009.

MARTELOTTA, Mário Eduardo (Org.). *Manual de linguística*. São Paulo: Contexto, 2008.

MORATO, Edwiges Maria. O interacionismo no campo linguístico. In: MUSSALIM, Fernanda; BENTES, Anna Christina. (Org.). *Introdução à linguística*. 2. ed. São Paulo: Cortez, 2005. v. 3: Fundamentos epistemológicos, p. 311-351.

NEVES, Maria. *A gramática funcional*. São Paulo: M. Fontes, 1997.

PRETI, Dino. *Estudos de língua oral e escrita*. Rio de Janeiro: Lucerna, 2004.

SANT'ANA, Paulo. Tributo aos heróis. *Jornal Zero Hora*. Porto Alegre, 26 set. 2004.

SANTOS, Raquel. A aquisição da linguagem. In: FIORIN, José Luiz (Org.). *Introdução à linguística*. 3. ed. São Paulo: Contexto, 2004. v. 1: Objetos teóricos, p. 211-226

SAUSSURE, Ferdinand de. *Curso de linguística*. São Paulo: Cultrix, 1983.

SILVA, Denize Elena Garcia da. *A repetição em narrativas de adolescentes*: do oral ao escrito. Brasília: Ed. da UnB, 2001.

SOARES, Magda. Letramento em verbete: o que é letramento? *Presença Pedagógica*, Belo Horizonte, v. 2, n. 10, p. 14-25, jul./ago. 1996.

TRAVAGLIA, Luiz Carlos. *Gramática e interação*: uma proposta para o ensino de gramática nos 1º e 2º graus. 3. ed. São Paulo: Cortez, 1997.

UNESCO – Organização das Nações Unidas para a Educação, a Ciência e a Cultura. *Os quatro pilares da educação*: o seu papel no desenvolvimento humano. Pronunciamento. São Paulo, 13 jun. 2003. Disponível em: <http://www.brasilia.unesco.org/noticias/opiniao/index/index_2003/pilares_educacao/?searchterm=os%20quatro%20saberes>. Acesso em: 5 fev. 2009.

VYGOTSKY, Lev Semionovitch. *A formação social da mente*. São Paulo: M. Fontes, 1988.

Gabarito

Capítulo 1
1. a
2. c
3. d
4. c
5. d

Capítulo 2
1. d
2. c
3. a
4. d
5. b

Capítulo 3
1. c
2. a
3. c
4. b
5. d

Capítulo 4
1. b
2. a
3. d
4. a
5. c

Capítulo 5

1. c, a, b
2. b
3. c
4. d
5. b

Capítulo 6

1. Resposta pessoal do aluno com base em pesquisa no livro.
2. Resposta pessoal do aluno no sentido de ressaltar a importância das variações linguísticas.
3. c
4. Resposta do aluno.
5. a. Gestual.
   b. Desenhos.
   c. Recursos não verbais.

Capítulo 7

1. Discussão com o grupo e o tutor.
2. c
3. Resposta pessoal.
4. Falsa.
5. Discussão em grupo.

Capítulo 8

1. Resposta pessoal.

Capítulo 9

1. c
2. b
3. a
4. d
5. d

Capítulo 10

1. d
2. c
3. a
4. b
5. d

Os papéis utilizados neste livro, certificados por instituições ambientais competentes, são recicláveis, provenientes de fontes renováveis e, portanto, um meio responsável e natural de informação e conhecimento.

Impressão: Reproset
Dezembro/2021